FAO中文出版计划项目丛书

# 可持续水产养殖的法律框架

联合国粮食及农业组织　编著

刘雅丹　代国庆　隋　然 等　译

中国农业出版社
联合国粮食及农业组织
2025·北京

**引用格式要求：**

粮农组织。2025。《可持续水产养殖的法律框架》。中国北京，中国农业出版社。https://doi.org/10.4060/cc6018zh

| | |
|---|---|
| AMR | 抗生素耐药性 |
| ASC | 水产养殖管理委员会 |
| ASEAN | 东南亚国家联盟 |
| CBD | 生物多样性公约 |
| CITES | 濒危野生动植物种国际贸易公约 |
| EEZ | 专属经济区 |
| EIA | 环境影响评价 |
| FAO | 联合国粮食及农业组织 |
| ICCPM | 国际农药管理行为守则 |
| ILO | 国际劳工组织 |
| IPPC | 国际植物保护公约 |
| IWRM | 水资源综合管理 |
| MSP | 海洋空间规划 |
| NACA | 亚太水产养殖中心网 |
| nm | 海里 |
| RAS | 循环水养殖系统 |
| SDG | 可持续发展目标 |
| SEA | 战略性环境评估 |
| SPS Agreement | 实施卫生与植物检疫措施协定 |
| TBT Agreement | 技术性贸易壁垒协定 |
| UNCLOS Sea | 联合国海洋法公约 |
| WHO | 世界卫生组织 |
| WOAH | 世界动物卫生组织 |
| WTO | 世界贸易组织 |

CONTENTS **目　录**

# 1 引 言

　　水产养殖，即水生动物和水生植物的养殖。就生产水平而言，近年来在水生动物和藻类生产中所占份额取得了显著的增长。2020 年是目前有数据可查的最近一年，全球水产养殖产量达到创纪录的 1.226 亿吨，其中 8 750 万吨水生动物的价值达 2 648 亿美元，3 510 万吨藻类价值 165 亿美元（粮农组织，2022）。水产养殖产量占水生动物总产量的 49%，捕捞渔业生产的贡献率为51%，而藻类产量的 97% 来自养殖（粮农组织，2022）。捕捞渔业的生产基本上已趋于平稳，许多种群资源已被充分开发或过度开发，而水产养殖业的持续增长对于满足日益增长的全球粮食需求是必要的。据预测，到 2030 年，62%的海产品将来自水产养殖场的养殖产品（世界银行，2013）。

　　尽管最新数据显示，水产养殖业的增长出现小幅放缓（粮农组织，2022），但该行业仍被认为具有巨大发展潜力。许多发展中国家迫切希望快速发展水产养殖，以养活其快速增长的人口并增加出口收入。与此同时，一些新技术，如封闭循环水养殖系统（RAS）、多营养层次综合水产养殖和水培系统，有望提高产量并实现可持续的生产，而新兴的蓝色生物技术工艺也为该行业的生物燃料、化妆品、食品和药品生产提供了新的机会。因此，许多政府热衷于促进水产养殖以创造就业机会，并将其作为"蓝色增长"、"蓝色经济"或"蓝色转型"战略和优先事项的一部分。

　　尽管如此，水产养殖业也面临着一些重要挑战。其中一个挑战是环境问题。虽然通过减少野生鱼类种群的压力，水产养殖对整体环境做出了积极的贡献，但实际上，水产养殖也可能对地方层面的局部环境产生一些负面影响。其中包括水产养殖设施造成的污染（包括化学品和动物废物造成的污染）、鱼类疾病向野生种群的传播以及逃逸造成的基因污染风险。其他负面影响可能源于水产养殖设施的选址选在红树林、潟湖和湿地等生态敏感栖息地，以及水产养殖与现有土地和水资源使用存在冲突。

　　与此同时，水产养殖业本身的可持续性取决于清洁和健康的环境，就淡水养殖而言，取决于是否有足够的、质量适宜的水。由于全球水污染危机（Damiana等，2019），加上水资源需求增长和气候变化的影响，用水压力不断增大，成为一个日益严峻的挑战。气候变化还对低洼地区的水产养殖设施构成特别威胁，因为洪水风险增加，沿海地区的水产养殖设施受到海平面上升、海岸侵蚀的影响，特别是在热带国家，受到风暴潮和其他极端天气事件的影响。解决这些问题需要一个有效的法律框架。

对水产养殖业可持续性的另一个主要威胁来自水生动物和水生植物疾病的风险。近年来，一些广为人知的鱼类和贝类疾病暴发，导致养殖产品出口受到限制，以及因消费者健康问题而关闭市场，进而造成毁灭性的经济损失。疾病，特别是水生动物的疾病（尽管也存在于水生植物中），是可持续水产养殖扩大和发展的最重要的制约因素之一（粮农组织，2019）。即使在适用宽泛动物卫生立法并有大量公共资助的研究的欧盟，传染病也被认为是水产养殖生产力的一个非常重要的制约因素（欧盟委员会，2021）。水产养殖业可持续发展的重要先决条件是控制水生动植物疾病和入侵性有害生物的传播，以及生产安全食用的产品，更加关注水产养殖生物安全问题。当然，水生动植物疾病与环境威胁是密切相关的。正如"同一健康"（One Health）理念所承认的那样，退化的环境使疾病发生可能性更大：动物、植物和人类健康与健康的环境直接相关[①]。同样，明确的法律框架在推进"同一健康"议程方面发挥着重要作用。

本书旨在确定可持续水产养殖法律框架的基本要素。实际上，在许多国家，水产养殖业的增长速度似乎超过了水产养殖管理的立法和法律框架的发展速度（粮农组织，2020b）。正如一位评论员所指出的：

> 任何没有专门制定水产养殖立法的国家，都难以通过一些不适时的、不相关的立法来控制水产养殖业的准入和运营，如旧的渔业法案、通航水域保护法和一般环境保护法规（VanderZwaag 和 Chao，2006）。

在这种情况下，缺乏适当的水产养殖扶持政策环境可能是发达国家和发展中国家水产养殖业增长的主要制约因素。

与此同时，政策制定者面临的另一个挑战来自该行业自身的多样性，主要表现在以下几个方面：

· 养殖的物种和物种组的数量（2018 年记录了 622 种水产养殖"物种类别"，包括单一物种、杂交种和多种类型的物种组合，而陆地畜牧业使用的物种约为 50 种），包括：食用鳍鱼，观赏鱼，一系列甲壳类动物和贝类（主要用于食品消费）和其他水生动物，用作工业原料和食品（包括添加剂）的海洋和淡水

---

① 参见：www.fao.org/one-health/en

藻类（大型藻类），以及用于食品和生物燃料、化妆品和药品生产的微藻；

· 水产养殖的水生环境不同，有淡水（大部分食用鱼在淡水中生产）、半咸水（在盐度不同的潟湖和红树林中）和海水；

· 水产养殖场所模式的多样性，从稻田到灌溉沟渠，从水箱、跑道池、公共和私有池塘、陆地自给式水培循环系统，到水库、河流或沿海地区的围栏、固定结构、绳笼和木筏，涉及拖到遥远海域的浮动网箱以及所使用的技术类型；

· 水产养殖商业运营规模及生产强度差别大，有的可能是家庭养殖场的一个养殖池塘，有的也可能是占地数十公顷的大型商业对虾养殖场。

　　这种多样性不仅使我们对水产养殖业的理解复杂化，反过来还对准确确定究竟适用哪部法律产生一些影响。例如，就水产养殖相关法律规则的适用性来说，有些不同的法律规则通常只适用于水生动物，而不是水生植物；或适用于淡水水生植物，却不适用海水植物。同时，监管框架的设计和内容可能因水产养殖设施的规模和大小而异：最适合商业对虾养殖场的方法可能不适合家庭养殖场中的池塘水产养殖。

　　简而言之，水产养殖是一个复杂的主题，受到复杂的法律框架的制约。复杂性不仅仅在于所涉及的不同法律的数量（以及法律框架的复杂性），尽管这对任何希望进入该行业的人来说都可能望而生畏。这其实也是一个协调问题：不同法律的实质内容之间的协调，负责在中央和地方政府执行这些法律的大量不同机构之间的协调，以及以许可证、执照和同意书的形式颁发一系列不同的批准，获得所有必要的批准可能是一个耗时、复杂且昂贵的过程。

　　这种复杂性的另一个结果是，负责执行水产养殖法律框架不同组成部分的机构及其工作人员（包括其律师）产生了"孤岛"效应。在这种效应下，不同的人在水产养殖法律框架的不同方面都是专家，但没有人对整个框架有特别清晰的了解。

　　本书旨在作为理解水产养殖法律框架复杂性的指南，也可以作为"水产养殖法律评估和修订工具"（ALART）的背景或资源文件。ALART 已被开发为一种详细的分析工具，用于系统评估各国家级水产养殖法律框架，以确定其潜在的差距、弱点和可能的改革问题，并特别关注环境保护和动植物健康问题。ALART 旨在普遍适用，同时承认各国的立法风格和形式因法律传统而异。

　　本书分为 5 章，包括引言。第 2 章讨论了与水产养殖最相关的国际层面法律规范框架。其中包括在国际法、"软法"文书和准则，以及私营水产养殖认证体系基础上建立的法律框架。

　　第 3 章讨论了国家水产养殖法律框架以及水产养殖立法在这些框架内的作用和演变。换句话说，它阐述了使用 ALART 的语境。第 4 章遵循 ALART 的顺序，分析了水产养殖法律框架内的关键要素。第 5 章是结论。

# 2 国际水产养殖规范框架

从"规则制定"或"标准制定"意义上讲，水产养殖的国际规范性框架源于国际法、一系列不具约束力的"软法"文书以及越来越多的一些私营部门认证体系。

## 2.1 国际法

国际法是规范国家和国际法承认的其他行为者（如国际组织）的权利和义务的法律体系。国际法的主要来源是：①国际习惯；②国家间的国际协定（也称为条约和公约）。

与海洋捕捞渔业不同，根据国际法缔结的任何协定都没有专门涉及水产养殖，没有全球或区域适用的"水产养殖公约"或"水产养殖协定"。但这并不意味着这些国际法与水产养殖行业无关。

### a)《联合国海洋法公约》

《联合国海洋法公约》（UNCLOS）[①] 载有关于海洋捕捞渔业的相对详细的规定，但对水产养殖这一话题却未明确提及。然而，该公约为沿海国授权和管理其邻近海域内水产养殖提供了法律依据（见插文 A）。

> **➡ 插文 A 《联合国海洋法公约》与沿海国授权和管理其邻近海域内水产养殖的权利**
>
> 《联合国海洋法公约》承认，沿海国的主权超出其陆地领土和内水，延伸到被称为领海的相邻海域。领海的最大宽度是从基线（通常是低潮线）测量的 12 海里。在领海内，沿海国的权力原则上是绝对的，除非受到《联合

---

① 《联合国海洋法公约》，蒙特哥贝，1982 年 12 月 10 日。生效日期：1994 年 11 月 16 日，1833 年《联合国条约汇编》396。www. un. org/depts/los/convention_reagreements/texts/uncs/uncs_e. pdf

国海洋法公约》和其他国际法规则的限制。《联合国海洋法公约》中最重要的限制是，所有国家的船舶都享有"无害通过"领海的权利。此外，沿海国可就其领海内的活动制定法律和规章，包括航行安全、海上交通管理、设施或装置、电缆和管道的保护，风电场和水产养殖设施的建设，以及渔业和其他自然资源的养护和管理。沿海国可在其领海之外主张专属经济区（EEZ）权益，该专属经济区可从基线延伸至200海里。在专属经济区内，沿海国拥有以勘探、开发、养护和管理包括生物资源在内的自然资源为目的的主权，以及在该区域从事经济性开发和勘探的其他活动的主权［第56条第（1）款］。为实现第56条规定的目的或从事相关活动，沿海国还拥有专属权利建造所需的设施和构造或授权和管理建造、运营和使用。这些设施或结构包括水产养殖设施。

《联合国海洋法公约》还规定了一些沿海国保护和保全海洋环境的宽泛义务，这些义务可能与在海水和半咸水中进行的水产养殖有关。这些义务包括：使用最佳可行手段并根据其能力减少和控制任何来源的污染［第194条第（1）款］；确保在其管辖或控制下的活动不会对其他国家及其环境造成污染损害，并确保在其管辖或控制下的活动造成的污染不会扩散到其行使主权的区域以外［第194条第（2）款］；在其管辖或控制下的计划中的活动可能对海洋环境造成重大污染或重大有害变化的情况下进行环境影响评价（第206条）；采取必要措施，保护和保全稀有或脆弱的生态系统以及枯竭、受威胁或濒危物种的栖息地［第194条第（5）款］；防止、减少和控制有意或意外地将外来或新物种引入海洋环境的某一特定部分，致使海洋环境可能发生重大有害变化［第196条第（5）款］。

## b)《生物多样性公约》

《生物多样性公约》（CBD）[①] 及其议定书同样对水产养殖未作出明确规定，但与该行业相关。除其他事项外，公约规定各国有一项一般义务，即通过就地保护生态系统、栖息地和物种来保护生物多样性。为实现这一目标，各国需采取一系列措施，包括建立保护区，保护生态系统和自然栖息地，管制改性活生物体的使用和释放，防止引入威胁生态系统、栖息地或本地物种的外来物种，制定必要的立法以保护受威胁物种或种群（第8条）。

《生物多样性公约》在以下方面与水产养殖最为相关：①水产养殖设施的选址（适合水产养殖的沿海和河流地区往往具有特别丰富的生物多样性）；

---

① 《生物多样性公约》，里约热内卢，1992年6月5日，1760 UNTS，79。

②使用改性活生物体（有些人认为在水产养殖中使用改性物种有可能促进生长和预防疾病）；③使用外来物种和种群（水产养殖往往涉及非本地物种的养殖，即使使用的物种是本地物种，逃逸的养殖种群也会对野生鱼类种群产生不利影响）；④关于打击捕食者物种（这些物种本身可能濒临灭绝）的措施。

《生物多样性公约》中关于改性活生物体的规定随后在两个议定书中得到进一步细化。第一个是《卡塔赫纳议定书》①，该议定书以出口国和进口国之间的事先知情同意原则、信息交流和使用风险评估为基础。第二个是《名古屋—吉隆坡补充议定书》②，该议定书涉及在改性活生物体已经造成损害的情况下采取的措施；或者如果不及时采取应对措施，就有足够的可能性造成损害的情况下，而采取的应对措施。

最后，《名古屋议定书》③ 在应用于蓝色生物技术的遗传资源的获取与惠益分享机制方面也与水产养殖行业具有潜在的相关性。

在国家层面，《生物多样性公约》缔约方的义务通常通过一系列环境法来履行，包括环境法框架以及关于保护区和保护物种的立法。这些法律是水产养殖法律框架的重要组成部分。

## c）其他国际环境协定

其他一些国际环境协定可能与水产养殖行业有关。《联合国水道公约》④主要涉及跨界水道的非航行使用，它还要求各国采取一切必要措施，防止将外来物种或新物种引入共同的国际水道，否则可能对水道的生态系统产生有害影响，对其他水道主要国造成重大损害（第 22 条）。

《保护野生动物迁徙物种公约》⑤ 为保护迁徙物种及其栖息地和迁徙路线建立了法律框架，并可能对水产养殖设施的选址产生影响。《拉姆萨尔公约》⑥关注湿地的保护和合理利用，尽管并不直接禁止在湿地开展水产养殖，但可能

---

① 《生物多样性公约卡塔赫纳生物安全议定书》（简称《卡塔赫纳议定书》），2000 年 1 月 29 日，2226 UNTS 208（BSP）。

② 《卡塔赫纳生物安全议定书关于赔偿责任和补救的名古屋—吉隆坡补充议定书》（简称《名古屋—吉隆坡补充议定书》），名古屋，2010 年 10 月 15 日。https://treaties.un.org/doc/Treaties/2010/12/20101215%2005−26%20PM/Ch_27_8_c.pdf

③ 《生物多样性公约关于获取遗传资源和公平、公正分享利用遗传资源所产生惠益的名古屋议定书》（简称《名古屋议定书》），名古屋，2010 年 10 月 29 日。https://treaties.un.org/doc/Treaties/2010/11/20101127%2002−08%20PM/XXVII−8−b−Corr−Original.pdf

④ 《联合国非航行使用国际水道公约》（简称《联合国水道公约》）（1997 年 5 月 21 日，2014 年 8 月 17 日生效）36《国际法律材料》（ILM）719。

⑤ 《保护野生动物迁徙物种公约》（1979 年 6 月 23 日，1983 年 11 月 1 日生效）1651 UNTS。

⑥ 《关于特别是作为水禽栖息地的国际重要湿地公约》（简称《湿地公约》，又称《拉姆萨尔公约》）（1971 年 2 月 2 日，1975 年 12 月 1 日生效）996 UNTS 245。

与如何在这些地方进行水产养殖有关。

《濒危野生动植物种国际贸易公约》（CITES）[①] 禁止对附录Ⅰ所列濒危物种进行商业贸易，同时允许在出口国签发出口许可证的基础上对附录Ⅱ和附录Ⅲ所列物种进行商业贸易。附录Ⅰ中列出了一些鲟鱼物种［短吻鲟（*Acipenser brevirostrum*）和大西洋鲟（*Acipenser sturio*）］，而只有少数列出的海洋物种是水产养殖的对象，包括未被列入附录Ⅰ的鲟鱼物种、苏眉、海马、砗磲、欧洲鳗鲡和海参（Bankes 等，2016）。这些协定缔约方的义务通常在国家层面通过环境法以及《濒危野生动植物种国际贸易公约》中与国际贸易有关的立法条款来履行。

### d) 国际贸易协定

鱼类和渔业产品是全球贸易量最大的食品类商品之一。2020 年，不包括藻类在内的世界水产品出口额为 1 510 亿美元，占农业贸易总额（不包括林业）的 11%（粮农组织，2022）。这一数字不包括咨询等水产养殖服务贸易，以及活体水生动植物、水产养殖饲料和药品等水产养殖投入品的价值（粮农组织，2022）。因此，尽管国际贸易法显然与水产养殖行业有关，但是与上述其他国际文书一样，它没有包含关于水产养殖的具体规定。

国际贸易的法律框架目前受世界贸易组织（世贸组织，WTO）的规则管辖，该组织成立于 1995 年，前身是《关税及贸易总协定》（关贸总协定，GATT）。世贸组织的一个主要目标是通过逐步降低和取消关税，以及减少贸易壁垒和消除国际贸易中的歧视性待遇来促进贸易流动。

虽然经典贸易理论表明，增加贸易投入将降低生产成本，同时促进新产品的开发，但活体动植物贸易也存在水生动植物病原体随宿主跨越国际边界传播的固有风险（Subasinghe 和 Bondad - Reantaso，2008）。换言之，水产养殖投入品的国际贸易可能成为传播水生动植物疾病的途径。与此同时，虽然进口的水产养殖饲料、药品和化学品可能比本国生产的同类产品便宜，但进口国也有权确保这些产品是安全的，符合最低质量要求。这里的问题是，一方面，一个国家可能有正当理由阻止或控制货物（包括水产养殖投入品）的进口，但另一方面，这种控制不应被用作有利于本国生产商的变相限制进口的方法。

在世贸组织主持下缔结的两项旨在解决这一问题的独立协定是《技术性贸易壁垒协定》（"TBT 协定"）[②] 和《实施卫生与植物检疫措施协定》（"SPS 协

---

① 1973 年 3 月 3 日，993 UNTS 243。

② 1994 年 4 月 5 日，1868 UNTS 120。

定")①。虽然它们的重点略有不同，但都与水产养殖投入品和产品贸易有关。

TBT 协定的基本目标是确保：

> 技术法规和标准，包括对包装、标记和标签的要求，以及对技术法规和技术标准的合格评定程序，不会对国际贸易造成不必要的障碍。②

简言之，TBT 协定禁止基于技术法规和标准对国内产品与外国产品实施歧视原则。它与水产养殖投入品和产品的贸易有关，旨在确保法规、标准、测试和认证程序不会造成不必要的障碍。

SPS 协定的目标是防止将卫生与植物检疫措施用作变相限制阻碍国际贸易的技术壁垒。为此，虽然明确承认世贸组织成员有权采取保护人类、动物或植物生命健康所必需的卫生与动植物检疫措施，但可能限制进口的措施只能在以下基础上实施：①风险评估；②依据国际标准的建议、准则或标准制定机构的建议。

与水产养殖行业相关的标准制定机构有：①世界动物卫生组织，该组织被指定为动物卫生标准制定机构；②《国际植物保护公约》秘书处，其被指定为植物卫生标准制定机构；③国际食品法典委员会，该委员会是食品添加剂、兽药和农药残留、污染物、分析和取样方法，以及卫生实践方面的食品质量标准制定机构。

当世贸组织成员适用这些标准时，可能会在世贸组织争端解决程序下免受法律制裁。此外，成员还可以实施更严格的标准，但只能依据 SPS 协定中规定的风险评估和一些其他要求。这就解释了欧盟、日本和美国等拥有主要进口市场的法域如何要求出口国建立控制系统，为食品安全提供与适用于这些法域的产品同等的保证。

## e）水生动物卫生法典

世界动物卫生组织（WOAH）（成立于 1924 年，以前名称为国际兽疫局，缩写为 OIE）是一个政府间组织，总部设在巴黎。WOAH 的基本任务是通过以下方式改善动物卫生：①向政府通报动物疾病的发生和过程，以及控制疾病暴发的方法；②协调动物疾病监测和控制方面的国际科学研究；③促进与动物和动物产品贸易有关的法规的统一。

WOAH 与水产养殖相关的主要规范性文件是《水生动物卫生法典》，该

---

① 1994 年 4 月 15 日，1867 UNTS 493。

② TBT 协定序言第二部分。

法典最近在 2019 年 5 月的第 87 届大会上修订，形成了第 22 版。①

世界动物卫生组织保存了符合某些标准的动物病原体和疾病清单，这些标准涉及其后果（致病性和由此产生的社会经济影响）、传播和诊断，即："应向世界动物卫生组织报告的疾病"和"其他重大疾病"。世界动物卫生组织定期更新清单，因为这些疾病，特别是应报告的疾病，与国际贸易直接相关。世界动物卫生组织成员必须在 24 小时内向世界动物卫生组织总部报告应报告疾病的暴发，以及新毒株和分布、发病率、毒力、患病率等的变化。随后，成员还必须就所列疾病的存在和演变提交定期报告，并在该国或该国境内的"区域"或"隔离区"无疾病后提交最终报告（以及其他要求的常规定期报告）。

《水生动物卫生法典》下的清单和信息程序为各国根据 SPS 协定限制和控制进口提供了法律依据，因为如前所述，WOAH 是指定的水生动物卫生标准制定机构。

> **⊙ 插文 B 《水生动物卫生法典》概述**
>
> 《水生动物卫生法典》分为 11 个部分，如下所示：
>
> 第 1 部分"报告、世界动物卫生组织列出的疾病和水生动物监测"规定了病原体监测和报告措施的实施准则，包括列出水生动物疾病的标准、世界动物卫生组织所列出的疾病名称、向世界动物卫生组织报告的程序，以及列为易感染特定病原体物种的准则。
>
> 第 2 部分"风险分析"规定了一些标准，以指导进口国在没有世界动物卫生组织标准的情况下进行进口风险分析，或使用这些标准来证明比现有世界动物卫生组织标准更严格的进口措施的合理性。
>
> 第 3 部分"水生动物卫生机构的质量"包含了"水生动物卫生机构"的建立、维护和评估标准，包括沟通标准。
>
> 第 4 部分"疾病预防和控制"规定了预防和控制病原体的措施，包括分区、隔离、消毒、应急预案、休养、处理水生动物废物和控制水生动物饲料中的病原体。
>
> 第 5 部分"贸易措施、进出口程序和健康认证"规定了执行一般贸易卫生措施的标准，包括认证以及出口国、过境国和进口国适用的措施。
>
> 第 6 部分"水生动物抗微生物制剂使用"包含旨在确保在水生动物中负

---

① 可在此网站获取：https://www.woah.org/en/what-we-do/standards/codes-and-manuals/aquatic-code-online-access

责任和谨慎使用抗微生物制剂的标准。

第 7 部分"养殖鱼类福利"包含了涵盖养殖鱼类福利的一般原则的标准，包括运输过程中、为人类消费而进行的捕杀，以及为疾病控制目的进行的捕杀。

第 8～11 部分"两栖动物、甲壳类动物、鱼类和软体动物疫病"列出了目前已知的疫病和易感物种名录，并列出了考虑到贸易商品的性质、出口国、分区或隔离区的水生动物健康状况，以及适用于每种商品的降低风险措施的标准。

虽然基本的报告义务是强制性的，但《水生动物卫生法典》的其他内容本质上是建议性的（见插文 B）。当然，所有这些问题都与水产养殖直接相关，如下文所示，应（在适当且可能的范围内）反映在水产养殖行业的治理机制和立法中。近年来，由于畜牧业、农业和人类医学等不同行业广泛且可以说过度使用抗生素，细菌耐药性问题已成为一个重大的公共卫生问题（Bondad -Reantaso 等，2018）。抗生素在水产养殖中的使用尤其令人担忧，因为它有可能将耐药菌直接传播到水生环境中。

### f）国际植物保护公约

1997 年《国际植物保护公约》[①]（IPPC）的基本目的是防止植物和植物产品有害生物的传播和引入，并促进采取适当的控制措施。IPPC 涉及对栽培植物、受管理植物或野生植物的保护。这是通过每个缔约方建立一个官方国家植物保护组织来实现的，该组织除其他事项外，还负责签发植物检疫证书，确认植物产品和其他受管制物品及其托运物符合有关有害生物发生、暴发和传播的验证声明。

为了防止受管制的有害生物传入领土和在领土内传播，《国际植物保护公约》的缔约方可以对植物、植物产品和其他受管制物品的入境进行监管。为此，他们可以：①规定并采取有关植物、植物产品和其他受管制物品进口的植物检疫措施，包括检查、禁止进口和处理；②对不符合第①项规定或采取植物检疫措施的植物、植物产品及其他受管制的物品或货物，拒绝进入或扣留，或要求处理、销毁，或从缔约方领土移走；③禁止或限制受管制的有害生物进入其领土；④禁止或限制生物控制剂和其他植物检疫问题生物（据称有益的）进入其领土 ［第Ⅶ条第 1 款］。

---

① 《国际植物保护公约》（新修订案）（带附件）。1997 年 11 月 17 日，罗马。2367 UNTS A - 1963。

根据《国际植物保护公约》，国际植物保护委员会的理事机构植物检疫措施委员会（CPM）通过了一系列国际植物检疫措施标准（ISPMs）。目前有44项标准生效，同时配套实施29项诊断协议和39项植物检疫处置措施[①]。

与其他植物一样，水生植物也可能受到有害生物的侵扰，为有害生物提供传播途径，或者自身成为其他植物的有害生物。尽管"植物"的定义很宽泛，包括"活体植物及其部分（如种子和种质）"和"植物包括谷物来源的未加工材料和那些因其性质或加工过程可能造成有害生物传入和传播风险的制成品"，足以涵盖水生植物，但《国际植物保护公约》没有明确提及它们。

然而，在2014年植物检疫措施委员会第九届会议上，通过了关于《国际植物保护公约涵盖水生植物的第CPM－9/2014/1号建议书》。该文件鼓励各缔约方：

（a）将水生植物的有害生物风险评估纳入其有害生物风险分析过程；

（b）确保相关政府机构、进口商、出口商、航运服务公司/代理机构（负责船舶压载水和舱体管理）和其他利益相关者了解与水生植物进口和运输相关的有害生物风险；

（c）利用适当的植物检疫措施，在有能力执行这些措施的其他国家组织的支持下，防止受管制的水生植物作为有害生物在观赏行业和其他贸易领域传播；

（d）确保作为潜在的有害生物和传播途径的水生植物，在相关情况下成为有害生物风险分析的对象或内容，特别是在有意进口水生植物用作种植植物的情况下，例如在水产养殖中或其他水生栖息地；

（e）确保根据有害生物风险分析的结果，作为传播途径或有害生物的水生植物受到官方控制，并确保制定适当的植物检疫措施，如植物检疫进口要求、监测、根除、控制等；

（f）协调区域合作，对作为传播途径或有害生物的水生植物进行有害生物风险分析；

（g）协调国家植物保护组织（NPPOs）和其他利益相关者之间的沟通，以加强区域性协作机制，管控作为传播途径或有害生物的水生植物相关风险，并制定适宜的管理方案。

与《水生动物卫生法典》的大部分内容一样，CPM－9/2014/1号建议不

_____

① 参见：https://assets.ippc.int/static/media/files/publication/en/2021/04/ISPM_List_En_2021-03-17.pdf

具强制力，代表了保护水生植物健康的最佳实践，而不是严格的法律规则。

尽管如此，《国际植物保护公约》的核心内容，如国家植物保护组织的设立、植物检疫证书的颁发、实施非歧视性检疫措施的可能性等，同样适用于水生植物。

### g) 食品法典

国际食品法典委员会（Codex）是根据 1961 年粮农组织（FAO）和 1963 年世界卫生组织（WHO）理事机构的决议成立的。其主要目标是通过制定、协调和发布食品标准及其他相关文件，保护消费者健康，确保食品贸易公平（Vapnek 和 Spreij，2005）。

如前文所述，SPS 协定承认食品法典是国际食品安全标准的来源，但是，如果有科学证据证明的话，世贸组织成员可以采用更严格的食品安全标准。TBT 协定还通过提及"国际标准"间接承认了食品法典标准。与水产养殖相关的食品法典标准包括规定水产养殖生产的食品中兽药最大残留限量的标准，包括与抗菌药物相关的标准（粮农组织，2020a）。

### h) 劳工标准

目前没有具体的国际层面公认的水产养殖行业劳工标准。例如，国际劳工组织（ILO）的《渔业劳工公约》（第 188 号）的重点是捕捞活动，适用于所有渔民和所有从事商业捕鱼作业的渔船。

近年来，国际社会逐渐意识到渔业和水产养殖中的童工使用问题。为此，劳工组织有关童工的公约，包括 1999 年《最恶劣形式的童工劳动公约》（第 182 号）和 1973 年《最低年龄公约》（第 138 号），都与水产养殖行业有关。最近，粮农组织和国际劳工组织联合发布了关于解决渔业和水产养殖中童工问题的指导意见（粮农组织和国际劳工组织，2013）。儿童可以在水产养殖中从事无报酬家庭劳动或与雇主签订合同。在某些情况下，儿童是贩运或强迫劳动的受害者，而国际层面在国际劳工组织主持下通过的一些法律文书，包括《1930 年强迫劳动公约（第 29 号）》《1957 年废除强迫劳动公约（第 105 号）》和《1930 年强迫劳动公约 2014 年议定书》，对贩运或强迫劳工行为进行管制。

### i) 化学品协定

水产养殖中使用的化学品有多种用途。这些用途包括防止围栏、网箱和其他水基养殖设施的污垢，消毒，通过使用一系列除草剂、杀鱼剂和杀虫剂清洗网衣和维护池塘。使用错误种类或用量不当，化学品对人类、动物或植物的健康具有潜在危险，并可能对环境有害。

一系列国际协定规定化学品国际贸易及在作业场所的使用。包括：①《关于在国际贸易中对某些危险化学品和农药采用事先知情同意程序的鹿特丹公约》①，规定只有在进口缔约方事先知情同意的情况下，才能出口公约附件Ⅲ所列的被禁止或严格限制的化学品；②2001年国际劳工组织《农业安全与健康公约》②；③1990年《作业场所安全使用化学品公约》③，规定在作业场所使用化学品的问题。

同样，这些协定都没有具体提及水产养殖，但它们在确保该行业不使用危险和不适当的化学品以及以安全的方式使用适当的化学品方面具有相关性。需提及的还有粮农组织和世界卫生组织联合发布的《国际农药管理行为守则》（ICCPM）④。该守则规定要对农业应用中或植物和牲畜使用的病虫害防治中的所有农药，包括化学农药和生物农药进行管制。ICCPM通过一系列指南实施，包括《用于植物保护和公共卫生的微生物、植物源和化学信息素类生物农药登记指南》（粮农组织和世界卫生组织，2017）和《农药立法指南》（粮农组织和世界卫生组织，2015）。除非按照指南规定进行了登记，否则任何农药都不得投放市场。顾名思义，ICCPM是一项"软法"文书，仍然没有明确提及水产养殖。然而，正如将在下一部分中看到的那样，一些"软法"文书不仅提及水产养殖，而且完全聚焦水产养殖这一主题。

## 2.2 "软法"文书和指南

近年来，在全球或区域层面通过了一系列不具约束力的文书，国际层面所谓的"软法"有了显著发展。这在许多方面推动了国际法的转变。2015年9月25日，联合国大会通过了17项可持续发展目标（SDGs），为解决世界贫困、饥饿、疾病和文盲等关键挑战，为未来繁荣制定了路线图，这就是典型的"软法"文书（联合国，2015）。尽管可持续发展目标中只明确提到过一次水产养殖（即在增加小岛屿发展中国家和最不发达国家通过可持续利用海洋资源获得的经济利益的目标下），但该行业在实现一些目标方面发挥着潜在的重要作用，包括目标2（消除饥饿、实现粮食安全和改善营养状况及促进可持续农

---

① 1998年9月10日，2244，UNTS 393。

② www.ilo.org/dyn/normlex/en/f?p＝NORMLEXPUB：12100：0：：NO：：P12100_ILO_CODE：C184

③ www.ilo.org/dyn/normlex/en/f?p＝NORMLEXPUB：12100：0：：NO：12100：P12100_INSTRU-MENT_ID：312315：NO

④ www.who.int/publications/i/item/9789240030428. 1998年9月17日至10日，2244，UNTS 393。

业）和目标 14（保护和可持续利用海洋和海洋资源促进可持续发展）。

正是因为"软法"文书不具有法律约束力（尽管它们也可能反映出已经确立的国际法规则），它们往往比正式的国家间协议更容易达成一致。此外，由于它们不是正式协定，其适用范围不限于国家和国际组织，它们也可以适用于非国家行为体。事实上，"软法"文书在许多方面可以发挥更大效力，不仅在指导国际和国家层面制定正式规范性框架方面，而且在指导最佳实践方面同样发挥作用。正是在"软法"领域，出现了第一批水产养殖专门国际文书。

## a）负责任渔业行为守则

在水产养殖方面，最重要的"软法"文书是 1995 年 10 月 31 日粮农组织第 28 届会议通过的《负责任渔业行为守则》（以下简称《行为守则》）[①]。《行为守则》是自愿遵守的，不仅针对各国，也适用于渔业实体，次区域、区域和全球性政府间组织和非政府组织，以及所有与渔业资源保护或渔业管理和发展有关的人员，如渔业人员、从事鱼和渔产品加工和销售的人员，以及使用与渔业有关的水生环境的其他人员。

《行为守则》涉及的范围极为宽泛。它几乎涵盖了渔业和水产养殖管理的所有方面，规定了适用于所有渔业的养护、管理和开发的原则和标准。它还涵盖鱼和渔产品的捕捞、加工和贸易，捕捞作业、水产养殖、渔业研究，以及将渔业纳入沿海地区管理。虽然"渔业"一词在定义上包含"水产养殖"，但该文件也通过具体条款对水产养殖业作出专门规定。

特别是，第 6 条"总原则"的第 19 款要求"各国应当把包括以养殖为基础的渔业在内的水产养殖看作促进收入和饮食多样化的一个途径。在这一过程中，各国应当确保以负责任的方式利用资源，把对环境和当地社区的不利影响降至最低限度"。随后，第 9 条"水产养殖的发展"规定了负责任地发展水产养殖的一些重要原则。与本书高度相关的是第 9.1.1 条，该条规定：

> 各国应当建立、保持和拓展可促进负责任的水产养殖发展的适当法律和行政框架。

第 9 条的其他规定涉及水产养殖对跨界水生生态系统的潜在影响、将水生遗传资源用于水产养殖以及生产层面负责任的水产养殖等问题。

继《行为守则》之后，粮农组织又制定了一系列负责任渔业技术指南，更详细地规定了如何执行《行为守则》。其中包括粮农组织《负责任渔业技术指南第 5 号：水产养殖发展》，该准则通过一系列补充文件得到进一步发展（见

---

[①] 《负责任渔业行为守则》，1995 年 10 月 31 日由粮农组织大会第 4/95 号决议通过。

插文 C)。此外，2011 年通过了《水产养殖认证技术准则》（粮农组织，2011）。

> ⊖ **插文 C 粮农组织《负责任渔业技术指南**
> **第 5 号：水产养殖发展》补充文件**
>
> • 良好水产养殖饲料生产规范
> • 活体水生动物负责任迁移的卫生管理
> • 遗传资源管理
> • 水产养殖生态系统方法
> • 水产养殖中作为饲料的野生鱼类利用
> • 野生渔业资源在基于养殖的捕捞中的利用
> • 水产养殖治理和行业发展
> • 水产养殖中谨慎和负责任地使用兽药的建议
> • 水生遗传资源开发：基本标准框架

第 4 章关于国家法律框架的讨论中提到了《行为守则》及其技术准则中的相关规定。《行为守则》在全球范围内适用的同时，区域层面也通过了与水产养殖有关的指南形式的"软法"文书。

### b）东盟指南

东南亚国家联盟（东盟）于 1967 年 8 月 8 日在泰国曼谷成立，签署了《东盟宣言》（又称《曼谷宣言》）。东盟成员①包括一些世界上最大的水产养殖生产国。

虽然东盟对促进该地区经济增长、社会进步和文化发展、地区稳定等方面目标的重视程度显然远远超出了对水产养殖业的重视程度，但东盟通过了一系列与水产养殖有关的准则，包括《东盟食用鱼良好水产养殖规范指南》（ASEAN GAqP）、《水产养殖化学品使用指南》和《消除使用有害化学品措施》。

### c）NACA 指南

在区域层面，在亚太水产养殖中心网（NACA）及其各国际伙伴的主持下，制定了一系列指南和其他技术文件。

其中包括在粮农组织支持下制定的《亚洲区域活体水生动物负责任迁移健康管理技术指南》；2006 年与包括粮农组织在内的一系列利益相关方共同制定

---

① 东盟成员国是文莱、柬埔寨、印度尼西亚、老挝、马来西亚、缅甸、菲律宾、新加坡、泰国、越南。

的《负责任养虾国际准则》，为利益相关方合作促进养虾业的进一步发展奠定了基础；《水产养殖协会分类指南》旨在使水产养殖协会能够从独立的第三方认证方案中寻求团体认证；以及关于与特定水产养殖动物物种的管理和养殖有关的一系列议题、指导和技术指南的"更佳实践指南"。NACA还通过了一系列关于水产养殖的研究报告、操作手册和政策简报，包括关于气候变化的脆弱性和适应性等内容。

## 2.3　水产养殖认证体系

一些最全面的水产养殖国际规范框架不是来自国际组织，而是以认证体系的形式来自私营部门，而认证体系又与生态标签有关。生态标签反映了消费者对更具环境和社会可持续性的产品的偏好。为了获得认证，从而从特定的生态标签中受益，生产商必须遵守各种标准。遵守这些标准的动机不是来自制裁的威胁，而是来自认证的益处，例如可能包括获得溢价。随着进口市场上越来越多的主要零售商（尤其是连锁超市）通过要求认证来应对消费者对食品来源，尤其是水产养殖的可持续性的日益担忧，认证体系也逐渐成为市场准入的关键。结果是，在许多情况下，私营部门主导的认证体系制定的标准比出口地的国家法律框架中规定的标准更严格。

两个最著名的体系是全球良好农业规范（Global GAP）认证和水产养殖管理委员会（ASC）认证。

### a）全球良好农业规范认证

全球良好农业规范是一种适用于包括水产养殖在内的一系列农业活动的农业标准。综合农场保障（IFA）标准涵盖所有类型养殖系统的鳍鱼、甲壳类动物和软体动物[①]。

相关标准涉及：①动物健康和福利（包括要求制订全面的兽医健康计划、负责任地使用抗生素、工作人员培训和水质监测）；②生物安全（要求每个农场都有生物安全计划，每个农场都参与区域管理计划，农场层面有适当生物安全实践和必要的检疫程序）；③可追溯性（包括经认证的孵化场的供应、不使用转基因生物、原产地可追溯性，记录鱼类在生命各个阶段的迁移、所使用的饲料、所进行的处理和收获后的可追溯性、最终消费者的认证，以及召回程序和标签要求）；④食品安全（从育苗开始的所有阶段都要确保饲料安全监测，

---

① 参见：www.globalgap.org/uk_en/for‒producers/globalg.a.p./integrated‒farm‒assurance‒ifa/aquaculture

只使用授权的化合物，详细采样以分析残留物水平，只有在诊断出传染性细菌性疾病时才使用抗生素，适当的现场人类废物收集和处置，遵守食品法典对禁用物质的要求，员工食品安全培训）。

## b）水产养殖管理委员会认证

全球良好农业规范在更宽泛的农业行业普遍适用，但水产养殖管理委员会（ASC）的标准仅适用于水产养殖，本质上旨在灌输水产养殖的良好规范，同时考虑到环境和社会要求，主要关注生物安全。

在广泛征求利益相关方意见的基础上，ASC 为以下物种群制定了单独的标准：鲍鱼；双壳类（蛤蜊、贻贝、牡蛎、扇贝）；比目鱼；淡水鳟鱼；巴沙鱼；鲑鱼、鲈鱼、鲷鱼和白姑鱼；鲕鱼和军曹鱼；虾、罗非鱼、热带海洋鳍鱼[1]。此外，还与海洋管理委员会（捕捞渔业标准制定机构 MSC）制定了一项海藻联合标准。

每个标准包含 7 个独立的原则。虽然不同物种标准的细节各不相同，但第一个标准始终是"遵守所有适用的法律和法规"，所有标准都禁止培养转基因鱼类，并规定抗生素只能用于治疗。同样，虽然允许使用转基因鱼饲料，但必须记录在案。每一项标准都对水产养殖的社会面有非常明确的要求，包括童工、强迫劳动、歧视、健康和安全以及报酬。认证程序从初始审查开始，需要6 至 12 个月的数据，然后每 12 个月进行一次监督审查，为期 3 年，最后进行认证审核。初始认证由经认可的认证实体进行，之后进行年度监督审核。

---

[1] 参见：www. asc – aqua. org/what – we – do/our – standards/farm – standards

# 3 国家水产养殖法律框架

在讨论了国际水产养殖规范框架后，本章的目的是讨论国家水产养殖法律框架以及水产养殖立法在这些框架内的作用和演变。

## 3.1 水产养殖立法

尽管水产养殖业有所增长，具有经济重要性，并对满足粮食需求做出了贡献，但水产养殖长期以来被视为捕捞渔业的一部分。

在国家层面，水产养殖通常仍由水产养殖处室或部门负责，该处室或部门是庞大的渔业管理司局或机构下属的众多部门之一（但是，目前渔业管理司局的正式名称中也经常包含"水产养殖"一词）。

同样的方法也适用于水产养殖立法，即议会的法律或法案（在本书中统称为"法律"）或以水产养殖为主要关注点的具体法律中的规定。事实上，正如后文所述，尽管一些法域最近通过了专门的水产养殖法，但在大多数国家，水产养殖仍由基本渔业法（即使被称为"渔业和水产养殖"法）①规范。然而，有时渔业法中的一条或一节只是赋予政府或相关部长广泛的权力，使其能够通过有关水产养殖的附属立法（在不同法域可能呈现为条例、规则、法令、命令等形式）。

当然，在渔业法中处理水产养殖问题是完全合乎逻辑的。政府内部有关鱼类和其他水生动植物的专业知识通常可在渔业管理部门找到。此外，捕捞渔业和水产养殖业之间有许多联系，包括活鱼的放养和运输，养殖种群和野生种群在鱼类疾病传播、逃逸和杂交方面的相互作用，以及关于食用鱼收获后处理的共同规定。但目前的问题是随着越来越多的国家水产养殖产量现在超过了捕捞渔业产量，在渔业法中解决水产养殖问题的方法是否仍然合适（粮农组织，2022）。

---

① 有时名称与此相反，例如卢旺达 2008 年 9 月 10 日颁布的《关于卢旺达水产养殖和渔业组织和管理的第 58/2008 号法律》。

当然，从法律角度来看，渔业法中有关于水产养殖的立法并没有错或不妥。在不违背宪法约束和国际法规定义务的情况下，立法机关可以自主制定法律。尽管如此，还是有一些影响需要考虑。

第一点是涉及水产养殖的总体法律框架。一般来说，渔业法是一个相对独立的文本。因此，以探鱼和捕鱼为主要方式的渔业通常是根据渔业法和相关附属立法的规定开展的（见插文 D）。

> ### ➡ 插文 D　捕鱼
>
> 为了进行海上商业捕鱼，个体渔民通常需要个人捕鱼许可证或其将使用的渔船的许可证。这些许可证是根据渔业法颁发的。渔业法有时可以要求小型渔船登记，而大型渔船通常还需要根据相关商船法进行登记。渔船还需遵守商船立法中的照明、航行、安全要求等规则，并受劳动法、商业法的约束。与就业和经营渔业企业的商业方面有关的法律也将适用。但通常来说，这就是全部了。个体渔民基本上是根据许可证和渔业法的附属立法的条款进行捕鱼的。
>
> 虽然渔业立法和环境立法之间的联系越来越紧密，例如在渔业管理的生态系统方法（粮农组织，2021）和海洋空间规划立法中的体现，但这些联系的影响通常表现在渔业立法的实施方式上。例如，海洋空间规划立法或保护区立法会规定捕鱼区和禁捕区，但这通常反映在渔业管理计划中，并通过根据渔业法制定的条例和适用于每个捕鱼许可证的条件来实施。个体渔民通常不需要环境许可证或单独的许可证就可以使用特定的海洋空间区域。

然而，水产养殖与捕捞渔业截然不同。首先，这是一种农业生产活动，而不是猎捕活动。其次，正如将在下一部分中讨论的那样，水产养殖要遵守一系列不同的法律，而这些法律却没有将水产养殖作为其主要关注点。

## 3.2　水产养殖的法律框架

在分析水产养殖的法律框架时，重要的是要区分以下两者：①专门针对水产养殖问题的法律，或法律要素意义上的水产养殖立法；②水产养殖更宽泛的法律框架。当然，这一更宽泛的法律框架既包括水产养殖立法，也包括其他与水产养殖相关的立法，相关立法包括关于土地使用权、水资源使用权、空间规划、环境保护和航行的立法，以及关于动物卫生、植物健康、药品、化学品、兽医专业和食品安全的法律（图3-1）①。

图3-1 水产养殖立法和水产养殖法律框架

无论以何种标准衡量，水产养殖的法律框架都是复杂的。

澳大利亚昆士兰州政府的"昆士兰商业"水产养殖网站（表3-1）② 提供了一个展示这种复杂性的很好的范例，表中：①第三列是在不需要土地利用规划或开发许可的情况下，与颁发水产养殖许可证有关的各种不同法律；②第二列是所需批准的类型。需要注意的另外两点是：①还有一个单独的（大小相似的）表格适用于需要规划或开发许可的活动；②该网站明确指出，该表仅用于指导，其他评估机构也可以参与批准水产养殖活动！

表3-1 昆士兰水产养殖所需的许可或批准

| 活动 | 批准类型 | 法律 | 评估机构 |
|---|---|---|---|
| 陆地土地的权利和使用 | 保有期 | 1994年《土地法》 | 自然资源、矿产和能源部（DNRME） |
| 用于水产养殖活动（入口和出口除外）的潮汐土地的权利和使用 | 资源分配授权（RAA） | 1994年《渔业法》 | 昆士兰渔业部门 |
| 用于水产养殖活动（入口和出口除外）的潮汐土地的权利和使用 | 在海洋公园工作 | 2004年《海洋公园法》 | 昆士兰渔业部门 |
| 潮汐土地的权利和使用 | 占用许可 | 1994年《土地法》 | 自然资源、矿产和能源部 |

① 事实上，情况比图3-1所示更为复杂，因为水产养殖的法律框架本身是在更广泛的商业/贸易活动法律框架内实施的，涉及公司组建、特定营业执照的必要性、税收和会计规则等事项。然而，本书的重点仅限于水产养殖的法律框架。

② www. business. qld. gov. au/industries/farms - fishing - forestry/fisheries/aquaculture/policies - licenses - fees/licensing - approvals/regulations - non - development，accessed on 6/07/2022

（续）

| 活动 | 批准类型 | 法律 | 评估机构 |
|---|---|---|---|
| 用于大堡礁附近的陆基水产养殖，排入大堡礁海洋公园 | 澳大利亚政府已根据这些法规认可了昆士兰的法律，允许进行单一的评估过程 | 2000 年《大堡礁海洋公园（水产养殖）规范》 | 如果符合认证细节，《大堡礁海洋公园（水产养殖）规范》无须单独评估 |
| 对具有国家环境意义的事项的潜在影响〔世界遗产、国家遗产地、具有国际重要性的湿地（拉姆萨尔湿地）、受威胁物种和生态群落、迁徙物种和英联邦海域〕 | 1999 年《环境保护和生物多样性保护法案》下的评估 | 1999 年《环境保护和生物多样性保护法》 | 英联邦环境和能源部 |
| 从野外采集受管制物种 | 捕鱼许可证 一般渔业许可（GFP） | 1994 年《渔业法》 | 昆士兰渔业部门 |
| 从野外采集受管制物种 | 受保护物种获取许可 | 1999 年《环境保护和生物多样性保护法》 | 英联邦环境和能源部 |
| 从野外采集受管制物种 | 受保护物种获取许可 | 1975 年《大堡礁海洋公园法》 | 《大堡礁海洋公园法案》 |
| 水生动物从其他州迁移到昆士兰 | 易位批准 | 1994 年《渔业法》 | 昆士兰渔业部门 |
| 从澳大利亚境外进口水生动物 | 进口许可 | 1908 年《检疫法》 | 英联邦农业部 |
| 食品安全（如果产品供人食用） | 遵守食品安全程序 | 2006 年《食品法》、2000 年《食品生产（安全）法》 | 昆士兰安全食品部门 昆士兰健康部门 |
| 公共水坝和蓄水库的增殖放养 | 一般渔业许可 | 1994 年《渔业法》 | 昆士兰渔业部门 |

资料来源：www. business. qld. gov. au/industries/farms – fishing – forestry/fisheries/aquaculture/policies – licences – fees/licensing – approvals/regulatory – framework

但昆士兰的情况绝非罕见，事实上，它只显示了部分情况，因为它主要涉及规划和审批过程，而不是水产养殖设施的运营。

在编写本书期间，作者对印度尼西亚、马来西亚、泰国和越南的水产养殖法律框架进行的分析显示，在每一个案例中都有一长串的法律和附属立法。例如，插文 E 中列出了与泰国水产养殖相关的法律（不包括附属立法）。

> **➔ 插文 E 泰国水产养殖的法律框架**
>
> 1. 《海洋和沿海资源管理促进法》，B. E. 2558（2015）
> 2. 《农业产品标准法》，B. E. 2551（2008）
> 3. 《农业土地整理法》，B. E. 2558（2015）
> 4. 《农业土地改革法》，B. E. 2518（1975）
> 5. 《动物流行病法》，B. E. 2558（2015）
> 6. 《动物饲料控制法》，B. E. 2558（2015）
> 7. 《民商法典》，B. E. 2468（1925）
> 8. 《合同农业促进和发展法》，B. E. 2560（2017）
> 9. 《合作社法案》，B. E. 2542（1999）
> 10. 《合作社法案》（第 2 版），B. E. 2553（2010）
> 11. 《防止虐待动物和动物福利法》，B. E. 2557（2014）
> 12. 《毒品法案》，B. E. 2510（1967 年）
> 13. 《国家环境质量促进和保护法》，B. E. 2535（1992）
> 14. 《食品法》，B. E. 2522（1979）
> 15. 《地下水法案》，B. E. 2520（1977）
> 16. 《危险物质法》，B. E. 2535（1992）
> 17. 《土地法》，B. E. 2497（1954 年）
> 18. 《农业土地租赁法案》，B. E. 2524（1981）
> 19. 《植物检疫法案》，B. E. 2507（1964）
> 20. 《公私合作法》，B. E. 2562（2019）
> 21. 《皇家渔业条例》，B. E. 2558（2015）
> 22. 《皇家渔业条例》（第 2 版），B. E. 2560（2017）
> 23. 《国家行政法案》，B. E. 2534（1991）
> 24. 《国家灌溉法案》，B. E. 2485（1942）
> 25. 《城市规划法》，B. E. 2562（2019）
> 26. 《水资源法》，B. E. 2561（2018）

在执行层面，权力下放政策或方案将与水产养殖有关的决策和监管权力下放给地方政府，从而增加了其他层级立法和行为主体，这可能会使情况进一步复杂化。

水产养殖法律框架的复杂性有许多重要影响。首先，简单地理解水产养殖的法律框架可能是一个挑战，即使对那些负责实施该框架的人来说也是如此。如第1章所述，由于这一主题本身就很复杂，而且不同的机构参与实施不同的法律。行政人员及其法律顾问往往在"孤岛"中工作，他们是负责立法的专家，但不太熟悉水产养殖法律框架的其他方面。

其次，鉴于水产养殖立法只是水产养殖法律框架的一部分，很明显，单独分析并在必要时改进水产养殖立法是不够的。相反，有必要采取全面的方法来分析和理解水产养殖的整个法律框架。因此，通过一项现代、全面和理论上"完美"的水产养殖法本身可能是不够的，除非该法与水产养殖法律框架的其他要素建立明确和适当的法律联系。

最后，法律框架的复杂性可能会给投资者带来问题，并实际上阻碍该行业的发展。特别是，根据构成水产养殖法律框架的不同法律，需要从不同机构获得不同的批准，并需要协调决策和批准，这可能既昂贵又耗时。例如，欧盟的研究发现，欧盟成员国内部的许可证制度可能程序漫长且费用昂贵，立法和行政复杂且交织，结果因此不确定（欧盟委员会，2021）。

实际上，日益复杂的法律和监管框架只是现实生活中的一个体现。其实水产养殖法律框架的许多要素也与寻求开展利用淡水资源或位于沿海或近海地区的活动的其他类型企业有关①。这里还有一个重要的区别，尤其是水产养殖是环境危害的潜在来源，可该行业本身又只能在健康的环境中可持续运作。因此，一个强制且有效的环境管理法律框架对于可持续水产养殖也是必要的。与此同时，确保水产养殖中使用的水生动植物健康和确保水产养殖产品的安全并不是该行业可选的附加项，而是其经济可持续性的核心。

通过一刀切完全取消对水产养殖行业的监管，既不可行，也不可取。水产养殖法律框架存在不同要素（土地和水的分配、空间规划、环境保护、动植物健康等）是有充分理由的。与此同时，最近的另一篇论文研究发现，在非洲，由于人均鱼类供应量下降，需要发展水产养殖，缺乏有利的政策环境是行业增长的主要制约因素之一（Troell等，2014）。

简而言之，相对复杂的法律框架对于复杂行业的可持续发展是必要的。水产养殖法所能做的是在水产养殖法律框架的不同要素之间建立明确的联系，以便尽可能为该行业制定一套逻辑一致的规则和程序。然而，挑战依然存在，主要是由于世界各地不同国家水产养殖立法的典型发展方式不同。

---

① 一个码头、一个商业港口、一个造船厂、一个度假胜地、一个海水淡化厂都可能在空间规划、环境保护、航行、土地使用权（包括水下和近海公共土地的使用）受到许多相同法律的约束。

## 3.3  水产养殖立法的（典型）演变

如前文所述，在大多数国家，基本渔业法都涉及水产养殖问题。例如，马来西亚联邦层面的水产养殖立法载于 1985 年《渔业法》。《渔业法》第 2 条包含了"水产养殖"和"养殖系统"的定义，而水产养殖是该法 11 个组成部分之一的第 8 部分的主题。然而，第 8 部分仅包含两条。该法第 39 条规定，根据《渔业法》任命的总干事有义务促进水产养殖的发展（就淡水养殖与相关国家当局协商）。该法第 40 条规定了活鱼进出口许可制度——活鱼在马来西亚境内跨越州或领土边界的流动，这显然与水产养殖有关（但也与放养活动有关）。最后，第 61 条赋予部长通过附属立法的权力，以促进和规范海水养殖，规定和改进统计数据的收集，并要求所有从事水产养殖以及捕鱼、营销和加工的人员提供可能需要的信息。

《渔业法》总共 62 个条文，显然没有为水产养殖建立一个非常详尽的法律框架。然而，这种做法是相当普遍的，只是有时更详细一点，即在渔业法中设置专门章节并辅以附属立法。同样，广泛使用详细的附属立法来解决渔业管理的技术问题和捕捞活动本身的问题。这是渔业立法的共同特点，没有什么特别之处。然而，这种方法对水产养殖行业具有重要影响。

### a）与水产养殖法律框架的联系

鉴于水产养殖法律框架比捕捞渔业复杂得多（如前文插文 D 所述），水产养殖立法的一个关键职能应该是与水产养殖法律框架的其他要素建立联系。在这方面可能会出现一个特殊的挑战，它突出了捕捞渔业和水产养殖之间的基本区别，捕捞渔业几乎完全受渔业法本身的渔业法律框架（包括法律、附属立法和许可证制度）规制，而水产养殖则在更宽泛的法律框架内进行。

这里的关键是，即使不是不可能，也很难利用根据水产养殖法通过的附属立法与构成水产养殖法律框架其他要素的法律建立必要的联系。同样，使用这种附属立法来修改这些法律也是不可能的。在所有法律体系中都存在法律位阶的概念，通常将宪法视为凌驾于所有其他类型法律之上的最高法律，其次是立法机构通过或批准的法律形式的基本法，再次是以条例、法令、命令、规则等形式出现的附属立法。根据法律位阶的概念，附属立法不能修改基本法（图 3 - 2）。

此外，即使在法律理论上，合法通过的附属立法在法律意义上具有法律约束力，但在许多国家的实践中，政府官员有一个习惯，无论是对是错，只关注

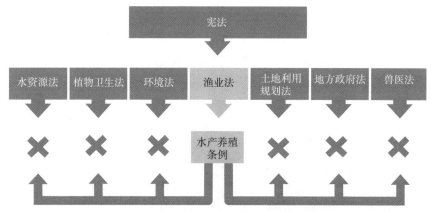

图 3-2　根据水产养殖立法通过的附属立法不能用于修改
构成水产养殖法律框架其他要素的法律

他们工作的部委实施的基本法和附属立法，而无视其他部委的规定（即使他们
知道这些规定的存在）。

　　总之，利用基于水产养殖法通过的条例与水产养殖法律框架的其他要素
协调行动，并不能建立一个非常健全的法律框架，也不太可能取得成功。利
用基于水产养殖法通过的条例来改变其他法律的规定是不可能的。为了在水
产养殖立法与水产养殖法律框架的其他要素之间建立有效的联系，基本法是
必要的。

## b）许可证

　　捕捞渔业的立法模式被运用到水产养殖业立法中，但是附属立法多并不是
捕捞渔业立法的唯一特点。

　　捕捞渔业立法另一个特点是，许可证①已成为水产养殖业的主要监管工具。
在概念层面上，这可能显得不同寻常。毕竟，捕鱼是一种需要获得许可的猎捕
活动，而水产养殖是一种涉及农民私人财产的农业生产活动。水产养殖户通常
购买鱼苗和亲鱼，就像陆生牲畜养殖户购买牛犊或羔羊一样。然而，陆地农民
可能被要求登记他们的活动，特别是当他们生产将用于食品的产品时，但是他
们很少以"持证养羊人"或"持证卷心菜农民"的方式获得许可。

　　因此，第一个问题是，当许可证方法不用于陆地农业时，它是否适合或有
必要用于水上农业？事实上，许可证是唯一可以用来监管水产养殖的法律工具

---

　　①　本书中，"许可证"一词用于指授权某一特定活动的任何法律文件，而不考虑所使用的名称（如
允许证、许可证、同意书、授权书等），"许可"一词则用于指签发此类文件的程序。从这个意义上说，
许可证通常是持有人的个人许可证，尽管经颁发许可证的机构批准，许可证可以转让给第三方。

吗？为了回答这个问题，有必要研究在理论层面立法者可以使用的其他监管工具。

### ➲ 插文 F  欧洲联盟水产养殖的法律框架

欧洲联盟既不是国家联盟，也不是国际组织，是一个独特的机构。它的 27 个成员国①保持独立和主权。根据欧洲联盟的条约，已将一些特定领域的立法权限移交给欧洲联盟，以便在通过合作解决的最佳领域获得更大的集体力量和影响力。因此，欧洲联盟能够通过立法，使欧洲层面通过的政策生效。有两类立法与水产养殖有关："指令"和"条例"。条例具有约束力，直接有效，而指令规定了要实现的基本目标，同时让每个成员国通过自己的国家立法来实现这些目标。

欧洲联盟水产养殖法律框架宽泛而复杂，涵盖两个主要领域。第一个涉及环境，包括：《水框架指令》（指令 2000/60/EC）；《海洋战略框架指令》（指令 2008/56/EC）；《关于良好环境状况的决定》（第 2017/848/EC 号决定）；《流域管理计划；鸟类和栖息地指令》（指令 2009/147/EC 和指令 92/43/EEC）；《工业排放指令》（指令 2010/75/EU）；《关于在水产养殖中使用外来和本地不存在物种的条例》（欧盟 708/2007 号条例）和《入侵物种条例》（欧盟 1143/2014 号条例）；《环境评估指令》（指令 2011/92/EU）；以及《战略影响评估指令》（指令 2001/42/EC）和《海洋空间规划指令》。此外，关于有机生产的具体立法是通过认证和标签促进有机水产养殖，使其符合关于环境影响和动物福利的更严格的生产要求，并限制和规范外部投入品的使用（理事会关于有机生产和有机产品标签的欧盟 834/2007 号条例，涉及有机生产、标签和控制）。第二个领域主要涉及动物健康，包括自 2021 年 4 月 21 日起适用的关于传播性动物疾病的欧盟第 2016/429 号条例（"动物健康法"）；1990 年 3 月 26 日第 90/167/EEC 号理事会指令，规定了社区药物饲料的生产、市场投放和使用的条件；2018 年 12 月 11 日欧洲议会和理事会关于兽药产品和废除 2001/82/EC 指令的欧盟第 2019/6 号条例；2018 年 12 月 11 日欧洲议会和理事会关于药物饲料的生产、市场投放和使用的欧盟第 2019/4 号条例；欧洲议会和理事会 2002 年 5 月 7 日关于动物饲料中不良物质的第 2002/32/EC 号指令；关于有机水产养殖动物和海藻生产的欧盟第 834/2007 号理事会条例。

---

① 奥地利、比利时、保加利亚、克罗地亚、塞浦路斯、捷克、丹麦、爱沙尼亚、法国、德国、芬兰、希腊、匈牙利、爱尔兰、意大利、拉脱维亚、立陶宛、卢森堡、马耳他、荷兰王国、波兰、葡萄牙、罗马尼亚、斯洛伐克、斯洛文尼亚、西班牙和瑞典。

由于水产养殖是欧洲联盟和成员国共有的权限，因此欧洲联盟的水产养殖立法本身相当有限，只包含在《基本条例》的一个章节中，即第七章，该条例规定了欧盟的共同渔业政策（2013年12月11日欧洲议会和理事会关于共同渔业政策的欧盟第1380/2013号条例）。第七章只包含1条，要求欧盟委员会就可持续水产养殖活动发展的共同优先事项和目标制定不具约束力的欧盟战略指导方针，其目标必须是：①提高水产养殖业的竞争力，支持其发展和创新；②减轻行政负担，提高欧盟法律的执行效率，满足利益相关者的需求；③鼓励经济活动；④沿海和内陆地区生活质量的多样化和改善；⑤将水产养殖活动纳入海洋、沿海和内陆空间规划。欧洲联盟成员国还必须制定多年度国家战略计划，以促进水产养殖活动的发展。

### c) 其他法律监管工具

其他与水产养殖立法实际或潜在相关的监管工具包括：

**环境影响评价**

环境影响评价（EIA）是一种决策支持工具，通常用于确保在授权过程中考虑到计划项目的潜在环境影响，并在必要时确定潜在的缓解措施。环境影响评价立法通常规定，只有大型、对环境有害的项目才需要进行全面的环境影响评价，并通常相应地规定筛选程序。如下文所示，根据拟建项目的规模，环境影响评价必定与水产养殖行业相关，尤其是在选址决策方面。然而，尽管个别环境影响评价可以确定拟建项目的潜在负面环境影响以及预防或减轻此类影响的适当措施，但为了能够应用和执行此类措施，需要将其转化为与拟建项目相关的具有法律约束力的规则。制定具有法律约束力的规则有两种基本选择：附属立法或在许可证中加入条件。此外，由于每个环评都是针对特定的项目和地点进行的，因此预防或减轻负面环境影响的措施通常是针对该项目和地点的，这意味着它们最好转化为特定的许可证条件。换句话说，环境影响评价本身不能用于控制水产养殖设施的日常运营，从而防止或减轻负面环境影响。

类似此类型的方法，有时称为战略性环境评估（SEA），可用于评估新计划、政策和方案的潜在环境影响，包括水产养殖发展政策和空间规划工具。

**责任制度**

虽然普通民事责任制度为通常通过支付损害赔偿金（经济补偿）对个人健康、商业或财产造成的不当或意外损害追究责任提供了基础，但环境责任制度试图对那些通过污染等方式对环境和自然资源造成损害的人追究经济责任。在这种情况下，必须支付的经济损失的金额或数额通常是参照补救环境损害的费用计算的。

许多国家已经制定了具体的赔偿责任制度，特别是针对那些导致对环境危害较大的活动或使用危险物质的活动。这类制度可以包括规定严格的责任（根据这一规定，受害者无需证明行为人主观过错即可索赔），放宽关于证明因果关系的规则，以及设立法定基金来支付任何最终的"清理"费用，例如要求运营商提供保证金或其他财务担保。

就水产养殖而言，如果水产养殖设施对个人的健康、业务或财产造成不当损害，理论上适用普通民事责任规则，尽管在实践中可能很难理解这种索赔是如何产生的。显然，水产养殖可能会因污染或非本地入侵物种的逃逸而造成环境破坏，理论上，水产养殖户可能要承担清理或修复费用。然而，在实践中，特别是对于入侵物种产生的后果，补救可能极其困难（如果不是不可能的话），而且事后的民事责任风险可能不足以确保对水产养殖环境负责。简言之，仅仅依靠赔偿责任制度可能是不够的。然而，正如下文所述，赔偿责任制度在确保水产养殖设施的有效环境管理方面可发挥潜在作用。

**基于市场的机制**

基于市场的机制利用经济激励措施，促进对影响环境和自然资源的活动进行更高效、更有效的监管。在捕捞渔业管理方面，对基于市场的机制的讨论往往侧重于个人可转让捕捞配额的概念，但这些机制与养殖的水生动植物为私人所有的水产养殖几乎没有关联。也很难看出其他类型的基于市场的机制，如押金退还方案、扩大生产者责任和减少浪费或消费的收费机制，与水产养殖有很大关系。

**公众参与和共同管理**

所有自然资源和环境部门都越来越了解通过协商程序让公众参与决策的重要性，没有理由不将这一原则推广到水产养殖监管中。然而，另一方面，公众参与也有其局限性：参与什么？在实践中，参与的通常是与执照和许可证申请有关的决定。

在共同管理办法下，利益相关方参与作出与渔业和其他自然资源管理有关的决定。然而，需要注意的一点是，这些都是公共资源，而最重要的水产养殖资源——水生动植物，是私人所有的。如下文所示，有一些水产养殖区联合管理的例子可以在水产养殖管理中发挥作用，但这些与传统的联合管理方法截然不同。

**自愿方法**

自愿方法是许多自然资源和环境部门管理的一个特点，包括行业赞助的行为守则、认证计划和生态标签计划。事实上，由于其自愿和私人性质，可以说根本不是监管工具。然而，就水产养殖而言，正如已经看到的那样，认证和生态标签计划已经在该行业发挥了重要作用。然而，也可以看出，ASC 认证计划的第一个准则是符合"所有适用法律法规"的要求。换言之，尽管自愿方法在水产养殖行业持续地发挥着作用，但假设它们可以取代正式监管的必要性是不现实的。

**信息系统和数据访问权**

数据对于使用自然资源的任何行业的管理都至关重要，包括关键要素为私人所有的水产养殖。同样，信息系统，从有关该行业的基本数据及其管理方式，到公众可以访问相关数据的法律规则，都可以在促进有效和透明的管理方面发挥极其重要的作用。然而，信息系统和数据访问权本身显然不足以有效监管该行业。

**……然后回到许可和监管问题上**

总之，尽管大多数其他监管工具在建立可持续水产养殖的法律框架方面可以发挥一定作用，但水产养殖活动的本质决定了监管的必要性。这主要是因为，与陆地农业不同，作为生产介质的水也是潜在的逃逸媒介。当然，家畜可以逃离陆地农场，但它们被找回来的可能更大，而水产养殖设施的排放、污染、患病或非本地物种的逃逸对环境造成损害的可能性要比陆地农业大得多。换言之，就环境和生物安全影响而言，有必要对水产养殖设施进行监管。

在这方面，最有效的工具是许可证或执照，它不仅可以用来确定是否可以在特定地点进行水产养殖，而且还可以通过在许可证或执照中列入详细规定，以确定如何进行水产养殖（例如，可能养殖的物种类型、特定设施内动物的密度以及防止逃逸的措施）。然而，正如下文将更详细讨论的那样，虽然发放许可证或执照通常对大型水产养殖设施是可行的，但发放小型设施许可证在发展中国家可能是一个重大挑战，特别是意味着必须更多地利用普遍适用的附属立法，以制定和执行许可标准。

## d）水产养殖立法的被动演变

在分析水产养殖立法的实质性内容时需要考虑的另一个问题是该行业的动态性和演变性。一个结果是，水产养殖立法往往跟随行业的发展，而不是引领其发展。

例如，在许多国家，由于对环境的负面影响和公众对水产养殖行业的批评，环境因素已反映在（修订的）水产养殖立法中。同样，通常只有在毁灭性的疾病暴发之后，水产养殖立法才会得到改革（加强），以更严肃的方式解决生物安全问题。例如，在智利，2007 年的传染性鲑鱼贫血症危机是一个转折点，引发了水产养殖立法的修订，使之更加重视动物健康和该行业的环境影响（见插文 G）（Fuentes‑Olmos 和 Engler，2016）。

从某种意义上说，这并不奇怪。立法时间是宝贵的，政治通常会对所出现的问题做出反应。因此，在一个几乎没有水产养殖活动的法域，可能很难主张通过全面的水产养殖立法，除非这是作为促进该行业增长的政府明确政策的一部分。同样的情况是，水产养殖立法的具体焦点可能取决于相关国家所开展的水产养殖类型和社会经济发展水平，特别是在保护环境方面的民间社会积极行动。

## ➡ 插文 G　智利水产养殖立法的演变

在早期阶段，监管框架侧重于促进水产养殖业发展，只允许最低限度的政府干预（这一观点符合智利宪法所载的自由经济愿景）。这种监管环境的方式很快成为对一个成熟行业的挑战。社会矛盾、环境退化和卫生紧急情况使改革的必要性日益显而易见，在某些情况下尤其明显。1991年，根据《渔业和水产养殖通则》，智利建立了第一个专门的水产养殖法律框架，包括海岸带使用，水产养殖环境措施，预防、控制和根除高风险疫病的措施，同时维持早期的水产养殖许可制度以及国防部管辖的海洋区域使用海洋租赁制度。它还引入了一项规划制度，规定了"适合水产养殖的区域"（ASA），并赋予负责水产养殖的部长广泛的监管权力。尽管通过了环境条例和动物卫生条例，但由于资源限制以及法律和体制困难等原因，实施和执行工作具有挑战性，因此监管框架无法制约不可持续的水产养殖实践。2007年，发生了一场传染性鲑鱼贫血症疫情，这场疫情迅速演变成了该行业的危机。为此，2010年的《水产养殖改革法案》对《渔业和水产养殖通则》进行了修订，主要内容包括：明确法律承认区域海岸带规划，并要求这些规划与适合水产养殖的区域相协调；确定水产养殖设施之间的最低强制性距离和对新租约实行5年暂停期；将租赁期限缩短至25年，并以良好的环境表现作为续约条件；加强关于逃逸的规定，包括引入环境损害推定和加强关于环境报告的规定；引入"水产养殖社区"和区域的概念，作为管理水生动物健康的基础，经营者必须协调水产养殖设施的管理，并可通过多数决定制定具有约束力的规则；赋予水产养殖管理部门参照生物安全"评分"来设定水产养殖设施和种群密度的权力；对违规的处罚采取更严格的规定。

简言之，就立法改革而言，水产养殖是一个相对有活力的行业。在调查世界各地的国家实践时，发现一个明显的趋势，即通过单独的水产养殖法。

### e) 争取通过单独的水产养殖法？

如表3-2所示，大约20个国家通过了单独的水产养殖法。这些法律大多是21世纪以来颁布的，相对较新。在摩洛哥、印度和斯里兰卡，此类立法的重点是通过特定的水产养殖发展机构来实施。在表3-2中列出的其他情况下，水产养殖立法为水产养殖行业制定了一个相对完整的框架，尽管该框架与更宽泛的水产养殖法律框架的其他要素有着非常明确的联系。

**表 3 - 2　单独的水产养殖法**

| 国家 | 法律名称及颁布时间 |
|------|------|
| 澳大利亚 | 南澳大利亚州 2001 年《水产养殖法案》<br>塔斯马尼亚州 1995 年《海洋养殖规划法案》 |
| 加拿大 | 纽芬兰 1987 年 c15s1《水产养殖法案》<br>新不伦瑞克省 2011 年《水产养殖法案》<br>魁北克省 2003 年 1 月 1 日《商业水产养殖法》 |
| 克罗地亚 | 2017 年 12 月 15 日《水产养殖法》 |
| 塞浦路斯 | 2000 年《水产养殖法》（2000 年第 117 号） |
| 希腊 | 《关于水产养殖发展的第 4282 号法律》 |
| 几内亚 | 《关于水产养殖规范的第 2015/28 号法律》 |
| 冰岛 | 第 71/2008 号《水产养殖法案》 |
| 印度 | 2005 年《沿海水产养殖管理局法案》<br>安得拉邦 2006 年《水产养殖种苗（质量控制）法案》<br>泰米尔纳德邦 1995 年《泰米尔纳德水产养殖（监管）法案》 |
| 日本 | 《可持续水产养殖生产保障法案》（1999 年 5 月 21 日第 51 号法案） |
| 马达加斯加 | 《关于对虾养殖负责任和可持续发展的第 2001 - 020 号法律》 |
| 摩洛哥 | 《设立国家水产养殖发展局的第 52 - 09 号法律》 |
| 缅甸 | 1989 年《水产养殖法》 |
| 纳米比亚 | 2002 年第 18 号《水产养殖法案》 |
| 挪威 | 2005 年《关于水产养殖的第 79 号法案》 |
| 秘鲁 | 2015 年第 1195 号法令《水产养殖总法》 |
| 葡萄牙 | 2017 年 4 月 4 日《第 40/2017 号法令》 |
| 斯里兰卡 | 《斯里兰卡水产养殖发展局法案》 |
| 汤加 | 2003 年第 15 号《水产养殖管理法案》 |
| 乌克兰 | 《第 5293 - Ⅵ号水产养殖法》 |
| 美国 | 1980 年《国家水产养殖法案》<br>马里亚纳群岛 2006 年《联邦水产养殖发展法案》 |

　　在撰写本书时，加拿大正在制定一项具体的联邦水产养殖法，以考虑水产养殖受"全国各地要求不一致的复杂监管体系"的约束，以及联邦水产养殖基本立法《渔业法案》"是为野生捕捞渔业而设计的，没有反映水产养殖的独特需求"（加拿大渔业与海洋局，2020）。

在决定是否应通过单独的水产养殖立法时，通常需要考虑许多因素。

首先是水产养殖业的相对规模。如果与捕捞渔业相比，该行业规模非常小，那么从简单的政治角度来看，鉴于立法的通过有政治成本，单独立法可能根本不是一个可行的选择。另一方面，如果水产养殖本身已经或正在成为一个重要行业，那么单独立法可能是合理的，尤其是因为捕捞渔业的未来增长可能有限，而水产养殖普遍尚有增长潜力。事实上，通过以水产养殖法形式的单独水产养殖立法，表明对水产养殖行业的明确政治支持，以及为其发展和管理制定明确的路线，在促进未来增长方面将发挥重要作用。

单独制定水产养殖法显然不能完全取代水产养殖法律框架的其他要素。然而，这项法律可以用于确保水产养殖的法律框架适合该行业的发展，特别是通过与其他要素建立必要的联系，并在必要时确保此类立法考虑到该行业的特殊性（图 3-3）。

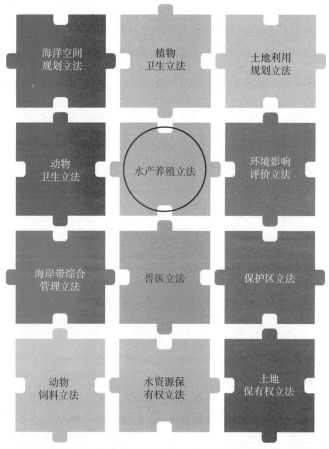

图 3-3　核心议题——水产养殖立法与水产养殖法律框架其他要素的衔接

　　当然，可以在渔业法关于水产养殖的较长章节中列入有关水产养殖的更详细规定。这种做法的一个结果可能是文本相当冗长：作为一种总体趋势，渔业法越来越长，因为增加了关于如何管理渔业的更多细节，包括关于实施失效模式和影响分析（EAFM）的细节；而且更加强调执法，尤其是作为正在进行的打击非法、无监管和未经授权（IUU）捕鱼的斗争的一部分。

　　在理论层面上，考虑到捕捞渔业和水产养殖之间的根本差异，单独立法的理由似乎相当充分。然而，另一方面，渔业立法的要素也可能与水产养殖有关（包括活体动物运输和捕捞后要求），渔业法中通常涉及的检查和执法的宽泛规定在水产养殖法中也是必要的[①]。

　　最终，每个法域都有权决定采取哪种方法。然而，有趣的是，那些已经通过具体水产养殖法的国家，需要更好地协调该行业和其他行业之间的立法，这通常被描述为法律本身的目标，或在其他政府文件中被描述为适用这些法律的主要原因。例如，1987年《纽芬兰水产养殖法案》第3条阐述了该法案的目标包括最大限度地减少与相互竞争的利益和用途的冲突，以及帮助在该省内以及该省政府和加拿大政府之间进行协商和合作决策。如下文将要看到的，这些法律的一个关键特征是通过"一站式"程序来协调水产养殖发展所需的许可证和执照的发放，从而减轻行政负担。

　　无论一个法域是否制定一项单独的水产养殖法，都有可能根据国家立法实践，确定可持续水产养殖法律框架的必要要素，包括水产养殖立法中应解决的问题。这是本书下一章的主题。

---

　　① 事实上，新西兰有一个反例，1971年《海洋农业法案》被2004年《水产养殖改革（废除和过渡规定）法案》废除，2011年又对其进行了进一步修订，其总体目标是将水产养殖条例纳入1991年《资源管理法案》所载的自然资源管理总体框架。新西兰是一个相当特殊的情况，因为《资源管理法案》的范围独特而全面，这是一种几乎没有其他国家效仿的立法方法。与此同时，新西兰还制定了一项全面的《生物安全法案》。

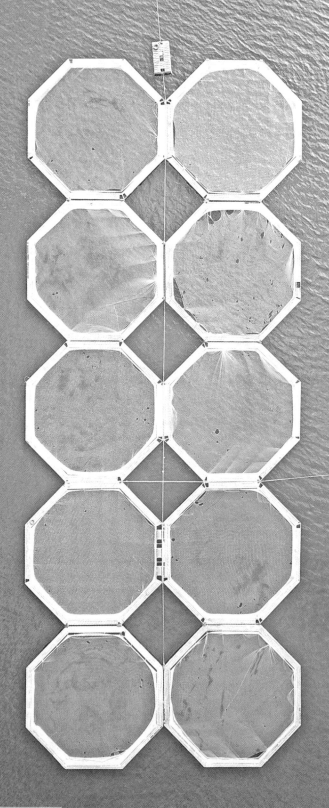

# 4 可持续水产养殖法律框架的关键要素

　　如第2章所述,《行为守则》第9条第1款第1项要求各国建立、保持和发展适当法律和行政框架,以促进负责任的水产养殖发展。

　　本章的目的是确定和描述与负责任的水产养殖发展相适应的法律框架的关键要素,该框架旨在促进环境、社会和商业可持续的水产养殖发展。换言之,该框架力求确定:①水产养殖法应解决的问题;②水产养殖法律框架中其他地方应解决的问题。根据有关法域的不同,这些问题可载于环境法、自然资源法、水资源法、土地使用权法、土地利用规划法、海洋空间规划法、海岸带管理法、海域法、航行法、生物安全法、生物安保法、食品法、医药法、动物卫生法、公共卫生法、植物卫生法、兽医法、化学品法、农药法等。需要注意的一点是,在使用哪种法律来解决哪一个问题方面,方法并不一致。例如,同一问题可以在一个国家的生物安全法中解决,在另一个国家可以在动物卫生法中解决,在第三个国家可以在兽医法或公共卫生法中解决,等等。

　　"水产养殖法"或"水产养殖立法"一词是指包含水产养殖具体规定的主要法律或议会法案(如水产养殖法或渔业和水产养殖法案)[①]。"水产养殖条例"一词是指根据水产养殖法通过的附属立法。在可能的情况下,一般提及关于水产养殖法律框架其他方面的立法,例如"环境法"或"航行法"。在某些情况下,如果某一特定问题可能由多个不同的法律来解决,只提及"相关立法"。

　　因为本书是为了支持水产养殖行业而撰写的,它在政府中的主要目标或受众是负责水产养殖的部委、司局或机构("水产养殖管理部门")。虽然水产养殖立法中可以解决的问题已经明确,但本章也解决与水产养殖法律框架其他要素有关的实质性问题和实施问题,同时认识到在实践中解决这些问题可能远远超出水产养殖管理部门的任务范围。在这种情况下,再次提及相关立法以及水产养殖管理部门可能自行采取的有限行动,以修订水产养殖立法。

　　本章旨在与"水产养殖法律评估和修订工具"(ALART)配套使用,因

---

　　① 换言之,在普通法系通过的水产养殖法被命名为"水产养殖法案"。然而,在尊重不同法律传统惯例的情况下,根据上下文分别使用"条款(sections)"或"条文(articles)"指代。

此遵循 ALART 的结构。更具体地说，ALART 中的每个问题都对应本章中特定编号的小节。例如，ALART 中的问题 1 涉及水产养殖的定义，这是下文第 1 节的主题。

遵循 ALART 的顺序，本章按以下顺序分为 9 个部分进行主题阐述：政策问题（4.1）；制度安排（4.2）；权属安排（4.3）；规划和批准（4.4）；生产投入（4.5）；生产设施管理（4.6）；疾病预防和控制（4.7）；后期生产（4.8）；检查和执行（4.9）。

书中既有主要法系（即普通法系和大陆法系）国家的例子，也有社会主义法系国家以及世界上发达国家和发展中国家的例子。但这些例子仅仅是例子而已，并非建议。研究的目的是确定可持续水产养殖法律框架的关键要素，而不是确定条文具体规定。尽管水产养殖行业在生产系统、养殖物种和水产养殖设施位置（淡水、半咸水和海洋水域）方面存在巨大的多样性，但本章与 ALART 一样，旨在具有普遍适用性，若涉及特定类型的水产养殖（如淡水水产养殖），则在书中有所说明。

## 4.1 政策问题

首先，通常在水产养殖立法中，需要解决与所有类型的水产养殖活动相关的几个基本政策问题。无论采取哪种水产养殖方式，这类政策问题都与所有法域有关。

### 1. 水产养殖定义

水产养殖立法通常包含水产养殖的定义或描述。这在一定程度上是因为"水产养殖"一词是一个更宽泛的公众可能不熟悉的技术术语，而"养鱼"一词在日常语言中则更为常用。但它也有助于界定立法的范围，例如排除圈养哺乳动物和爬行动物（水产养殖立法通常不涉及这一问题）或私人水族馆的养殖。因此，任何这样的定义都可能具有重要的法律意义。例如，如果"水产养殖"需要许可证，那么具体哪些活动属于水产养殖？

正如已经看到的那样，水产养殖是一个发展相对较快的行业，因此重要的是要确保所使用的定义足够宽泛，可以涵盖相关法域内的所有相关类型的水产养殖，包括水生植物和观赏鱼的养殖，以及新兴技术，如循环水养殖系统、水培系统、使用固定或浮式网箱的近海牧场养殖系统。尽管如此，仍有一些"中间地带"可能需要做出明确的政策规定。例如，虽然微藻和大型藻类的养殖通常在水产养殖的类别下进行监管，但在工业环境中使用遗传改良微藻的技术流程是什么？这些应该作为水产养殖过程还是作为工业过程进行监管？

至于"基于捕捞的水产养殖"，在这种养殖模式中，活的水生动物或植物在用于水产养殖之前需先在野外捕获或收集。在浮式网箱中对野生捕获的鱼类进行育肥，例如地中海的"金枪鱼牧场"，通常被视为一种水产养殖活动，尤其是因为，只要这些鱼类是合法捕获的，相关鱼类归设施经营者所有，这是一个重要的法律考虑因素，下文将更详细地进行讨论。关键是这个过程的一部分是"农业"或"农牧业"。例如，马来西亚的水产养殖法[①]有以下定义：

> "水产养殖"是指在其整个或部分生命周期内繁殖、培育鱼类种苗或饲养鱼类。

放养，即将鱼类（通常是鱼苗或幼鱼）释放到水体中以改善鱼类种群和渔业资源，使用从水产养殖系统中获得的材料通常不被视为水产养殖（尽管该过程中的孵化阶段通常属于水产养殖）。

然而，更为复杂的是基于养殖的渔业。基于养殖的渔业通常包括两个阶段。有关水生动物生命周期的第一部分发生在圈养环境中，而第二部分发生在野外。这是否应简单地归类为鱼类放养或水产养殖，将取决于具体情况。如插文 G 所示，智利是一个拥有大量鲑鱼养殖产业的国家。智利水产养殖法[②]第 2 条第（3）款包含以下水产养殖定义：

> 水产养殖：由人类组织的旨在生产水生生物资源的活动。

第 2 条接着规定如下：

> 开放式养殖：利用物种的生物循环（如溯河产卵和降河产卵）生产水生生物资源的水产养殖活动，允许在无限制区域进行一个或多个养殖阶段。
>
> 溯河产卵物种将被理解为那些生命周期始于陆地水域，后来迁徙到海洋的水生生物物种，它们在海洋生长和发育，直到达到性成熟时再回到自己的起源地，完成繁殖过程，在某些情况下，它们在繁殖后死亡。
>
> 降河产卵物种将被理解为那些生命周期始于海洋的水生生物物种，它们从海洋迁徙到淡水水道，在淡水水道生长和发育，直到它们达到性成熟时再返回起源水域，在那里完成繁殖过程。

关于"开放式养殖"的具体规定将在下文中出现，并禁止在其整个生命周期内捕获溯河产卵物种和降河产卵物种，除非遵照具体规定。

---

① 《渔业法》第 2 条，1985 年。
② 《渔业和水产养殖通则》，1991 年。

与智利的水产养殖法相反，挪威的水产养殖法[①]没有具体定义水产养殖，而是在第 2 条中规定，该法适用于水生生物的生产（水产养殖）。该法律还规定，"水生生物被定义为生活在水中、水面上或附近的动植物。任何影响水生生物重量、大小、数量、特征或品质的措施都被视为生产"。

挪威的水产养殖法随后进行了修订，表明它也"适用于水产养殖的植物，包括非水生植物"。然而，该法也规定，"为养殖目的而生产溯河产卵鲑鱼和淡水鱼受 1992 年 5 月 15 日第 47 号关于鲑鱼和淡水鱼等的法案的管制"。换句话说，该法不适用于这种鱼类的"开放式养殖"。

除此之外，水产养殖当然没有堪称"完美"或"典范"的定义。马来西亚的定义利用了其他法域也有的起草技巧，将"鱼类"定义为：

> "鱼类"是指任何水生动物或植物，无论是否定居，包括所有种类的鳍鱼、甲壳动物、软体动物、水生哺乳动物，或它们的卵、鱼苗、鱼种、幼体，但不包括任何种类的水獭、乌龟或它们的蛋。

如果涉及水生动物的水产养殖以与涉及水生植物的水产养殖完全相同的方式进行监管，可能会非常有效，但如果有必要对它们进行区分，则可能会出现问题。

南澳大利亚州的水产养殖立法[②]对"水产养殖"有一个相对简洁的定义：

> 水产养殖是指为贸易、商业或研究目的而养殖水生生物，但不包括法规宣布不属于水产养殖的活动。

这里需要注意两点：首先，水产养殖的定义是以其开展目的（贸易、商业或研究）为基础；其次，水产养殖的范围（法律的适用范围）可以通过附属立法进一步明确。挪威的水产养殖法中也使用了这种方法，即在必要时赋予部长否决部分法律适用的权力。

根据南澳大利亚州的法律，尽管水产养殖的定义本身相当简洁，该文本还对"水生生物"（"任何物种的水生生物，包括水生生物的繁殖产物和身体部位"）和"水生生物养殖"（"有组织的饲养过程，包括繁殖、定期投放或投喂，或保护生物体免受捕食者的侵害，或其他类似干预其自然生命周期的行为"）进行了定义。

在定义方面，一些法域在复杂性方面走得更远。例如，墨西哥的水产养殖法区分了"商业水产养殖"（定义为了经济利益）和"促进水产养殖"（其目的是在联邦法域的水体中进行研究、科学探索和实验，旨在开发生物技术或纳入

---

① 《水产养殖法案》，2005 年。
② 《水产养殖法案》，2001 年。

某种技术创新，以及在以水为全部或部分生活方式的动植物物种养殖的某个阶段采用或转让技术）、"教学水产养殖"（以培训和教学为目的而进行的）、"工业水产养殖"（定义为水生生物的大规模生产系统，具有高水平的商业和技术发展，并投入大量公共或私人资本），以及"农村水产养殖"（定义为涉及小规模水生生物生产系统，以家庭方式或小型农村团体进行，用于自给自足或部分出售收获的剩余物）。这种做法的优势在于，可以在初始颁布相关法律后，针对特定类型的水产养殖活动，更容易地适用一套特定的规则或程序要求。

### 2. 水产养殖相关术语的一致使用

鉴于水产养殖的相关事项可能在水产养殖立法以外的法律中予以明确或提及，同样重要的是确保"水产养殖"一词及其任何相关定义在水产养殖法律框架的各个要素中被使用时一致，至少不产生冲突。

例如，在欧盟层面，与《基本条例》中使用的更广义的定义相比，《欧盟动物卫生法》① 中使用了一个更狭义的水产养殖定义，该定义完全侧重于水生动物②。然而，鉴于《基本条例》的具体重点即动物卫生，因此不会引起任何冲突。

### 3. 进行水产养殖的场所

接下来，在水产养殖立法中明确界定水产养殖的地点也是明智之举，因为这将是监管的主要重点。但这是一个潜在的有挑战性的问题，因为如本书第 1 章所述，水产养殖可以在广泛的场所进行，从稻田和灌溉沟渠的稻-鱼养殖，到水箱和陆基自给式循环水养殖（可能在室内或室外），再到跑道池、公共和私人池塘、围栏、河流、海床或海床本身的附属结构、水库、河流或沿海地区的固定网箱和木筏，再到拖到远海的浮式网箱。除了浮式网箱，其他的至少是固定的。但是，应该如何界定，既能把控这种多样性，又能尊重所用语言习惯呢？

马拉维的水产养殖法使用了"水产养殖设施"一词：

> "水产养殖设施"是指在陆地或水中设立或使用的用于养殖淡水鱼的任何区域、围栏、蓄水池、场所或结构，包括用于养殖鱼类的任何网箱、鱼排或其他结构。

---

① 第 4 条第 6 款"水产养殖"是指饲养水生动物，在整个饲养或养殖阶段，直到并包括收获，这些动物仍然是一个或多个自然人或法人的财产，不包括为人类食用而收获或捕捉野生水生动物，这些动物随后在等待屠宰时被临时饲养，而无须喂食。

② 第 4 条第 25 款"水产养殖"是指使用旨在使有关生物的产量超过环境自然容量的技术饲养或养殖水生生物，在整个饲养和养殖阶段，直到并包括收获，这些生物仍然是自然人或法人的财产。

但是，池塘或网箱真的是一个"场所"吗？埃塞俄比亚的水产养殖法①有一个更简单的定义，通过排除私人水族馆限制水产养殖的范围：

"水产养殖设施"是指为水产养殖而建造的任何场所、区域或结构，或正在或可能进行水产养殖的但不包括私人水族馆的场所、区域和结构。

南澳大利亚州水产养殖立法使用了"养殖构造"一词，其定义是"用于养殖水生生物的结构，包括用于水产养殖的海水网箱和海水支架、延绳和潜绳，以及相关的篮篓、桶、提笼和其他养殖单元"。包括某些类型结构的例子至少增加了一定程度的法律确定性。

### 4. 水产养殖产品私有制

如引言所述，水产养殖和捕捞渔业之间的一个关键法律区别是，水产养殖中使用的水生动植物归养殖户所有。出于法律确定性的目的和保护水产养殖农民的利益，重要的是确保水产养殖立法承认水产养殖设施内水产养殖产品的私人所有权。

有很多方法可以实现这一目的。一种方法是通过欧盟《动物卫生法》②第4条对水产养殖的定义：

"水产养殖"是指在整个饲养或养殖阶段（包括收获）饲养水生动物，这些动物仍然是一个或多个自然人或法人的财产，不包括为人类食用而收获或捕获的野生水生动物，随后在等待屠宰时暂时饲养而不喂食。

另一种方法是在水产养殖立法中列入具体的声明。例如，新不伦瑞克（加拿大）水产养殖法③第22条规定：

水产养殖许可证中规定的所有物种和品系的水产养殖产品，在水产养殖场边界内，在被许可人出售、交易、转让或以其他方式处置之前，均为被许可人的专属个人财产。

该规定将水产养殖许可证中规定的物种和品系的私人所有权问题联系起来，强调了许可证的重要作用，同时也为所有权范围提供了确定性。

另一种技术是制定从水产养殖设施盗窃或非法转移水产养殖产品的具体罪

---

① 《渔业开发和利用公告》，2002 年第 31 号。

② 欧洲议会和理事会 2016 年 3 月 9 日关于动物传染病以及修订和废除动物卫生领域某些法案的 (EU) 2016/429 号条例（《动物卫生法》）(OJ L84，2016 年 3 月 31 日，第 1 页）。

③ 《水产养殖法案》，2011 年。

行，如南澳大利亚州水产养殖法第 47 条规定了非法干扰种群或设备的罪行：

(1) 无合法理由，任何人不得——

(a) 在水产养殖租约的划定区域内侵占或干扰水产养殖种群；

(b) 干扰用于标记或指示水产养殖租约标记区域边界的设备；

(c) 干扰水产养殖租约标记区域内的水产养殖设备。

最高刑罚：监禁 2 年。

(2) 任何人不得进入水产养殖租约的标记区域，意图在该区域内实施违反第 (1) 款的行为。

最高刑罚：监禁 1 年。

(3) 判定某人犯有第 (1) 款所述罪行的法院可命令该人向受犯罪影响的任何人支付法院认为适当的赔偿金，以补偿该人因犯罪行为而遭受的损失或损害。

相比之下，在越南，水产养殖中使用的水生动物的所有权问题实际上并没有在水产养殖法中得到解决，而是在《民法典》[①] 第 244 条中得到解决：

**第 244 条  饲养水生动物所有权的确定**

当某人养殖的水生动物自然进入他人的田地、池塘或湖泊时，该动物应属于拥有该田地、池塘、湖泊的人。如果水生动物有特定的标记，可以确定其不属于该田地、池塘或湖泊的所有者，则该所有者必须发布公告，让原物权人知道并认领。如果自公告之日起一个月内没有人来认领饲养的水生动物，则该水生动物应属于该田地、池塘或湖泊的所有者。

## 5. 水产养殖行业的政策原则

将政策原则纳入立法本质上是一个起草风格和立法实践的问题。尽管如此，渔业立法通常规定了渔业可持续发展和管理原则。当然，原则不能创设法律规则。但是，它们可以在法律实施方面为决策者提供指导。鉴于水产养殖作为一项农业生产活动与捕捞渔业有很大不同，有必要针对该行业制定明确的政策原则以适应其具体特征和挑战。

例如，乌克兰的水产养殖法[②]明确承认水产养殖行业作为粮食安全和营养支柱的重要性，以及作为高蛋白食物来源的重要性，然后在第 4 条中规定了若干原则，包括可持续性、生态系统方法、遗传多样性、粮食和营养安全、健

---

① 越南《民法典》，第 91/2015/QH13 号，2015 年 11 月 24 日。

② 《乌克兰水产养殖法》，2012 年。

康、质量和安全、动物健康（包括产品质量和可追溯性）、研究、公民参与和包容性，以及在创造经济机会方面的包容性。值得注意的是，实现性别平等和妇女赋权是每个可持续发展目标不可或缺的一部分。

同样，秘鲁水产养殖法[①]第 3 条规定了一系列详细的原则，如下所示：

水产养殖的发展遵循以下原则：

3.1 可持续性——国家促进水产养殖的可持续发展，与资源和环境的保护相协调，考虑通过促进有利可图和有竞争力的水产养殖活动来满足人民的社会和经济需求。

3.2 生态系统方法——水产养殖活动适应并尊重生态系统方法，考虑到环境、社会和体制层面，保证参与、公平分配利益，尊重生态系统的完整性和功能性，保障相互关联的社会生态系统韧性。

3.3 遗传多样性——遗传多样性代表了水产养殖和其他用户的生物原材料，其保护对生态平衡至关重要。因此，根据现有的最佳科学证据，分析人为干扰的生态风险，并考虑到传统知识，负责任地管理自然种群或孵化场种群的遗传多样性。

3.4 粮食和营养安全——国家承认水产养殖是人民粮食和营养安全的重要支柱，因为它是高蛋白的食物来源。

3.5 健康、质量和安全——水产养殖活动是在促进养殖物种健康的养殖环境中进行的。

3.6 通过在整个生产链中实施可追溯系统，确保动物卫生和水产养殖产品的质量安全。

3.7 研究、技术开发和创新——国家促进和加强研究、技术开发和创新，寻求生产多样化、竞争力和水产养殖生产链优化。

3.8 透明度和信息——国家根据相关法规协调公共和私营部门，促进和便利水产养殖活动的登记和相关最新信息的获取。

3.9 公民参与——国家通过生产部、地区政府和地方政府，建立自由和知情的参与程序，采取行动加强水产养殖活动相关方之间的信任和公信力，有利于预防和管理冲突，确保水产养殖活动的可持续性以及沿海和内陆社区的发展。

3.10 包容性——水产养殖作为一项生产性活动，应有助于创造经济机会并使其多样化，有助于发展生产能力和发挥农村地区的创业精神，以及保障与优质蛋白质供应增加相关的粮食和营养安全。

---

① 第 1195 号法令《水产养殖总法》。

可以看出，这两个例子都明确提到了水产养殖的生态系统方法（EAA）。在粮农组织《负责任渔业技术指南第 5 号：水产养殖发展——水产养殖生态系统方法》补编 4（粮农组织，2010）中有更详细的论述。

补编 4 规定，EAA "是一项将活动纳入更广泛生态系统的战略，以促进相互关联的社会生态系统的可持续发展、公平和韧性。"EAA 的重要性在于，它不仅清楚地认识到水产养殖对更广泛环境的影响，还认识到该环境对水产养殖的影响。

作为一种战略方法，EAA 的重点不是 "应该做什么"，而是如何以生态、经济和社会可持续的方式发展水产养殖行业，以确保人类和生态福祉。在确定了不同空间和时间尺度的利益相关者后，利益相关者的参与是 EAA 的一个关键要素，同时围绕以下 3 个主要相互关联的原则制定战略：①水产养殖的发展和管理应考虑到全方位的生态系统功能和服务，不应威胁到向社会持续提供这些服务；②水产养殖应改善人类福祉和促进所有有关利益相关方的公平；③水产养殖应在其他行业、政策和目标的背景下发展。

### 6. 正式水产养殖政策的要求

政府或内阁通过正式的水产养殖政策，无论是作为一项独立政策，还是作为更宽泛的渔业和水产养殖政策的一部分，立法中的明确要求都不是绝对必要的。

然而，在水产养殖法中明确提及水产养殖政策，要求通过和定期修订此类政策，不仅有可能制定（并定期审查）此类文件，而且有可能将政策的内容与根据水产养殖法做出的决策联系起来，而政策的内容显然可能会随着时间的推移而演变。例如，日本水产养殖法[①]第 3 条第（1）款规定，"农林水产省大臣应制定确保可持续水产养殖生产的基本政策（以下简称'基本政策'）"。

### 7. 水产养殖政策内容

一个国家的水产养殖政策中要解决的问题将取决于一系列事项，包括其水产养殖业的规模和相对发展情况，以及该行业面临的新的和正在出现的威胁。一个重要的问题是对水生动物和植物健康的威胁，以及解决这一问题的措施。这是日本水产养殖法第 3 条第（2）款的焦点，该条款规定，基本政策必须解决以下问题：

（ⅰ）关于改善水产养殖区目标的事项；

（ⅱ）关于改善水产养殖区和防止特定疾病传播的措施，以及关于水产养殖设施组织的事项；

---

① 《可持续水产养殖生产保障法案》（1999 年 5 月 21 日第 51 号法案）。

（ⅲ）关于建立水产养殖区改善体系和防止特定疾病传播的事项；

（ⅳ）其他涉及水产养殖区改善和特定疾病传播预防的重要事项。

可纳入正式水产养殖政策的其他重要问题是：①环境方面，包括水产养殖对环境的影响和环境退化对水产养殖的负面影响，特别是水质方面；②需要减轻该行业投资者面临的行政负担，简化许可程序并协调其流程（这个问题将在下文讨论）；③增加妇女、青年和男子以及弱势群体的就业机会；④气候变化对水产养殖行业的短期和长期威胁。短期威胁包括内陆水产养殖的淡水供应减少，同时进行水产养殖的地势通常低洼，发生洪水、干旱和风暴潮的风险增加。在这方面，将水产养殖政策与更普遍的气候变化适应政策和计划联系起来可能很重要。

### 8. 水产养殖行业发展战略和计划

战略计划和投资是所有农业行业（水产养殖也不例外）可持续发展的基础。为此，《行为守则》第 9.1.3 条规定，"各国应根据需要制定并定期更新水产养殖发展战略和计划，以确保水产养殖发展具有生态可持续性，并允许合理利用水产养殖和其他活动共享的资源"。

例如，汤加的水产养殖法[①]第 4 条规定，"部长应制定并定期审查水产养殖管理和发展计划，该计划应在公报上公布"。

同样，多哥水产养殖立法[②]第 55 条规定：

水产养殖活动是国家发展和管理计划的主题，该计划由负责水产养殖的部委根据现行文本制定并实施，特别规定：

a. 任何形式的商业水产养殖活动，均须事先经渔业和水产养殖部根据现行条例规定的条件授权；

b. 水产养殖活动应遵守卫生和公共健康规定，以及符合有关水质和保护海洋及陆地生态系统的规则。

大韩民国水产养殖立法[③]中也有关于总体规划的相对详细的规定。第 6 条第（1）款要求海洋和渔业部长根据一系列实况调查，每 5 年编制一份水产养殖业发展总体规划。根据第 6 条第（2）款，每个总体规划必须包含以下要素：

（a）水产养殖业发展的基本方向和目标；

（b）水产养殖业的现状与前景；

（c）水产养殖业研究和技术开发的相关事项；

---

① 《水产养殖管理法案》，2003 年。

② 多哥关于渔业和水产养殖监管的第 2016 - 026 号法律，2016 年 10 月 11 日。

③ 《水产养殖业发展法案》，2020 年。

  (d) 水产养殖劳动力培训和进入外国市场的相关事项；

  (e) 水产养殖业持续发展考核的相关事项；

  (f) 加快水产养殖产品消费和刺激出口的相关事项；

  (g) 促进水产养殖业的相关事项，例如建立水产养殖综合体；

  (h) 发展水产养殖业所需资金及协助的相关事项；

  (i) 海洋和渔业部长认为发展水产养殖业所必需的其他事项。

  大韩民国《水产养殖业发展法案》第 6 条第（3）款规定，在制定新的总体规划时，部长必须咨询相关中央行政机构负责人、市长、州长和地方政府领导人，以及根据《渔业和渔村发展框架法案》第 8 条设立的中央渔业和渔村政策审查委员会。此外，第 7 条规定，市长和州长必须为其所负责地区的水产养殖业发展制定年度区域行动计划。

  最后，根据《基本条例》[①]，欧洲联盟的每个成员国都必须为水产养殖活动的发展制定一项多年度国家战略计划。这些计划必须旨在：①简化行政管理，特别是在评价、影响研究和许可方面的；②水产养殖经营者在进入水域和空间方面的合理确定性；③环境、经济和社会可持续性指标；④评估其他可能的跨境影响，特别是对邻国海洋生物资源和海洋生态系统的影响；⑤在国家研究方案之间建立协同效应，并在产业和科学界之间开展合作；⑥提升可持续、高质量食品的竞争优势；⑦促进水产养殖实践和研究，以期增强对环境和鱼类资源的积极影响，并减少负面影响，包括减少用于饲料生产的鱼类种群的压力，提高资源效率。每项计划都必须规定有关会员国的目标以及实现这些目标所需的措施和时间表。

### 9. 数据和信息

  如前所述，数据和信息对任何涉及自然资源使用的行业的发展和可持续管理都至关重要，对水产养殖也不例外。《行为守则》第 9.2.4 条明确承认数据和信息的重要作用，该条规定：

>   各国应建立适当的机制，如数据库和信息网络，以收集、共享和传播与其水产养殖活动有关的数据，从而促进国家、次区域、区域和全球各层级在水产养殖发展规划方面的合作。

  这一规定在粮农组织《负责任渔业技术指南第 5 号：水产养殖发展——水产养殖治理和行业发展》的补编 7（粮农组织，2017）中得到了进一步发展，

---

  ① 欧洲议会和理事会 2013 年 12 月 11 日关于共同渔业政策的第 1380/2013 号条例（欧盟），修订第 1954/2003 号和第 1224/2009 号理事会条例，废除第 2371/2002 号和第 639/2004 号理事会条例和第 2004/585/EC 号理事会决定（OJ L 354，2013 年 2 月 28 日，第 22 页）。

该文件规定："准确和可靠的统计数据对有效的政策制定至关重要：可靠和可信的信息使主管当局能够制定政策和战略，并评估其可能产生的影响。"

因此，水产养殖立法应解决与水产养殖有关的数据和信息问题，即使水产养殖法律框架的其他要素中涉及了与该行业有关的数据和信息（如环境或健康问题）的行业特定规定。

数据不仅必须收集和管理，而且必须可供检查和使用。

大韩民国的水产养殖立法第8条规定：

（1）海洋和渔业部长可对大韩民国和外国的水产养殖业进行实况调查，以便有效地制定和推广促进和发展水产养殖业的政策等。

（2）为了持续有效地利用渔场，海洋和渔业部长以及市（州）长应就渔场的管理情况进行实况调查。

（3）根据第（2）款，在需要对养殖场的管理进行实况调查时，海洋和渔业部长或市（州）长可让隶属于海洋与渔业部的公职人员或部长指定的人员进入水产养殖业主的土地、养鱼场等开展调查。

（4）根据第（3）款，进入他人土地、养鱼场等的公职人员或海洋和渔业部长指定的人员应携带证件并出示给当事人。

（5）与第（1）款和第（2）款规定的实况调查的范围和方法相关的必要事项应由总统令规定。

虽然大韩民国立法第8条赋予的权力范围相当广泛，但苏格兰的水产养殖立法①赋予相关部长要求提供特定主题信息的权力，这些信息内容与鱼类养殖场和贝类养殖场的寄生虫预防、控制与削减相关。

这只是水产养殖立法中关于数据和信息的明确规定的两个例子。数据和信息重要性的其他示例见后文。

## 4.2 制度安排

鉴于通常构成水产养殖法律框架的法律多种多样，必须确保尽可能明确关键的制度安排和联系，并尽可能在水产养殖立法中加以确定。无论采取何种水产养殖模式，所有法域都需要考虑这类制度问题。

### 10. 部长和水产养殖管理部门

在制度安排方面，水产养殖立法的一项关键任务是明确负责水产养殖的部委、司局或机构。为此，粮农组织《负责任渔业技术指南第5号：水产养殖发

---

① 2007年《水产养殖和渔业（苏格兰）法案》。

展》（粮农组织，1997）规定如下：

> 指定机构。各国应指定或建立一个或多个主管当局。主管当局有权和有能力并有效促进、支持和管理水产养殖和基于养殖的渔业。

水产养殖立法通常不仅需要确定哪位部长负责水产养殖，还需要确定负责实施该立法的水产养殖管理部门（即部委、司局或机构）。

在一些国家，不同的机构（即不同的水产养殖管理机构）分别负责淡水养殖和海水养殖的实施。葡萄牙水产养殖法[①]第 4 条规定：

> （1）自然资源、安全和海事服务总局作为协调机构，负责协调包括过渡水域在内的海洋水域水产养殖设施及其相关设施的安装和开发。

> （2）自然与森林保护研究所是内陆水域水产养殖设施及其相关设施安装和开发的协调机构。

确定了相关部长之后，还必须授予其广泛的法规制定权，或者根据相关立法的惯例，部长以提议的方式，政府进行立法。水产养殖的复杂性如此之高，因此不可避免地需要制定法规来确保该行业的可持续发展，特别是对于不需要许可证的水产养殖活动（见下文第 61 节）。此类法规应用于解决技术细节问题。如上所述，利用法规来协调相关行动很难，事实上往往不可能，无论是与构成水产养殖法律框架其他要素的法律协调，还是与执行这些法律的机构协调。

加拿大纽芬兰省的立法中包含了一个特别宽泛且详细的法规制定权的例子：

**法规**

11.2  部长可制定以下方面的法规

（a）关于资源的最佳利用和可持续发展以及相关禁令；

（b）与健康有关的事项，包括水生植物或动物的健康、安全和环境保护以及相关禁令；

（c）关于批准引进、转让或运输水生植物或动物的条款和条件，或签发此类批准的条件；

（d）在符合《植物保护法案》的前提下，关于水生植物在该省的引进、转移和运输，以及在该省内不同地点的引进、转移和运输，包括对该引进、转移或运输活动进行评估；

---

① 第 40/2017 号法令，2017 年 4 月 4 日。

（e）在符合《植物保护法案》的前提下，制定以下相关措施：水生植物的隔离、检疫、扣留、处理、处置或销毁；饲料的处置或销毁；对相关器具、设备、水箱、池塘及其他设施和车辆进行消毒、检疫、扣留，或禁止其移动或运输；以及抑制病原体发展或防止病原体传播；

（f）关于水生动物在该省的引进、转移和运输，以及在该省内不同地点的引进、转移和运输，包括对该引进、转移或运输活动进行评估；

（g）关于水生动物的隔离、检疫、扣留、处理、处置或销毁，饲料的处置或销毁，相关器具、设备、水箱、池塘及其他设施和车辆的消毒、检疫、扣留或禁止移动或运输，以及其他抑制病原体发展或防止病原体传播的措施；

（h）关于在水产养殖中使用或禁止使用化学品、肥料、疫苗、药物、饲料和其他物质的规定；

（i）关于水生植物或动物的隔离、检疫、扣留、处理、处置或销毁，饲料的处置或销毁，水产养殖器具、车辆、水箱、池塘和其他设施的检疫、消毒、扣留或禁止移动或运输，以及与在水产养殖中使用化学品、肥料、疫苗、药物、饲料和其他物质有关的其他措施；

（j）规定水产养殖器具的标记、场地边界的标记以及任何其他标记或标识；

（k）规定以下申请须提供的资料及须遵循的程序：

（ⅰ）水产养殖许可证，

（ⅱ）引进、转移或运输水生植物或动物的批准，

（ⅲ）本法或其他法规要求的其他执照、许可或批准；

（l）规定场地开发规划的使用、内容和执行；

（m）规定水产养殖设施的性能标准；

（n）规定水产养殖设施的最大规模；

（o）关于水产养殖许可证的应付租金；

（p）规定与水产养殖设施的建造、布局、配备及操作有关的标准；

（q）关于水生植物或动物的处理、购买、出售、占有、许诺销售、加工和质量维护的方法；

（r）关于被许可人须向部长提供的涉及以下事项的信息和文件：水产养殖设施的使用、生产力、投资和被许可人义务，与被许可人进行水产养殖，以及水产养殖产品的营销和销售；

（s）根据本法规定提供财务或其他担保；

（t）规定相邻土地所有者、市政当局、其他受影响或有利害关系的人和公众参与协助部长决定是否授予水产养殖许可证的程序，若授予，则进一步规定相关条款或条件，包括申请人、部长或指定代表或其他人参与会面的方式，向参与者提供信息并记录他们的意见、关切和问题；

（u）关于水产养殖注册官的职责、需保存的记录和文件，以及与水产养殖记录注册官的规范管理和运作有关的其他事项；

（v）规定根据本法设立的委员会的规则、程序、组成、职能和权力。

在水产养殖立法中构建一个向部长提供有关水产养殖的技术建议的正式机制具有重要意义。汤加水产养殖法提供了这种机制的范例，该法第 11 条规定设立一个水产养殖咨询委员会，如下所示：

**第 11 条　水产养殖咨询委员会**

（1）应设立一个水产养殖咨询委员会，就以下方面向部长提供建议——

（a）根据本法，任何部长或秘书需要向咨询委员会咨询的事项；

（b）水产养殖监管、管理和发展的政策、规划和指导方针；

（c）第 4 条提及的水产养殖规划和第 10 条提及的行为守则的制定或审查；

（d）批准与外国或当地机构在水产养殖管理方面的合作计划；

（e）相关政府机构和地方社区在水产养殖管理和发展方面的合作；

（f）关于规范管理和发展水产养殖的必要性的公众宣传方案；

（g）建立水产养殖区和缓冲区；

（h）部长提交给咨询委员会进行调查、审议和咨询的任何与水产养殖有关的事项。

（2）咨询委员会应由下列成员组成：

（a）秘书，其担任主席；

（b）环境部官员；

（c）劳动、商业和工业部官员；

（d）海洋和港口部官员；

（e）3 名水产养殖行业代表，由部长与参与水产养殖事务的养鱼户协会和组织协商后任命。

（3）咨询委员会可以选择任何具有特定专业知识或技能的人，但被选择的人无权投票。

（4）咨询委员会应自行决定其运行程序。

类似地，克罗地亚水产养殖法第 8 条第（9）款规定设立咨询委员会，该委员会被描述为"一个独立的机构，就水产养殖的重要问题提供专家意见，并参与水产养殖领域法规草案的编制和起草"。此外，该法第 8 条第（6）款还规定设立专门咨询委员会，该委员会就水产养殖中使用外来物种问题提供咨询意见。

### 11. 联邦管辖权

在联邦体制下，水产养殖由联邦还是州管辖是宪法问题。事实上，在一些国家（包括加拿大和印度），法院被要求确定哪一级政府有权就此问题立法（Doelle 和 Saunders，2016）。

通常，淡水养殖州管辖事务，而联邦政府有权对离基线一定距离以外海水养殖立法。然而，问题不仅限于水产养殖立法，还包括海底的使用权。例如，美国 1953 年《水下土地法》授予每个沿海州对自海岸线向外延伸 3 英里范围内的水下土地和相关自然资源的管辖权。在这 3 英里区域内，沿海州拥有水下土地的所有权，并可以通过租赁和开发（包括水产养殖）来管理和经营土地及其自然资源[①]。

在审查和修订水产养殖法律框架时，对立法权限问题无能为力，因为立法权是宪法赋予的。然而，在联邦司法体系下，必须确保水产养殖立法承认并规定联邦政府与州或省之间在实施法律框架不同要素时的职能关联机制，具体包括协调机制、执行链条及方针政策整体一致性等方面各自责任的清晰界定与有效衔接。

例如，即使水产养殖属于州管辖，动植物卫生（至少在进口层面）很可能属于联邦管辖，尤其是涉及边境管控的。环境保护领域是否适用相同原则则可能因情况而异。以澳大利亚为例，海洋生物安全、农业及兽用化学品管理、水质标准、环境保护与生物多样性保护等事项均适用联邦立法，各州及地区制定的水产养殖法规必须与这些联邦立法相协调。

尽管联邦政府对远海水产养殖领域的立法拥有保留权限，仍须建立必要的协调机制。例如，加拿大魁北克省水产养殖法明确规定，该省的部长可就水产养殖的各个方面以及法律框架中的其他要素（涉及公共卫生或安全、环境或野生生物等的风险）与国家层面的部长进行沟通协调。

---

① 美国 Ann Powers 和 Patrick Carroll。

类似地，墨西哥联邦水产养殖法第 6 条明确各级政府依法行使不同职权，第 7 条清晰界定了行使联邦职权的机构——联邦"水产养殖管理部门"。

### 12. 与地方政府的协调机制

如上所述，由于权力下放政策和方案，地方政府往往在实施水产养殖法律框架方面发挥重要作用。例如，地方政府在土地利用规划方面往往发挥着特别重要的作用。此外，在实践中，水产养殖从业者与水产养殖法律框架的互动主要是在地方政府层面。

根据相关法域的不同，地方政府层面负责水产养殖的官员的职能授权以及这些官员对地方政府和水产养殖管理部门的报告责任可能会出现问题。有时水产养殖管理部门负责技术指导，而地方政府则统筹其他事务管理。因此，必须在水产养殖立法中明确规定水产养殖管理部门和地方政府的权利和责任。例如，乌克兰水产养殖法第 11 条详细规定了地方政府的责任。同样，越南水产养殖法①明确规定了各级政府在水产养殖管理方面的职能。

然而，在实践中，如果地方政府立法或水产养殖立法中没有明确描述与水产养殖相关的全部活动，如水生动物和植物卫生，可能会出现问题。这不仅涉及实际法律权限的范围，还涉及具体活动的预算分配。例如，关于地方政府角色和权力的立法可能没有具体提及水产养殖，导致其职责不明确。例如，水产养殖是归属于渔业还是农业？即使地方政府在水产养殖和（陆地）动物卫生方面的权限得到明确规定，这是否延伸到水生动物健康？因此，重要的是确保地方政府在水产养殖法律框架实施方面的作用在水产养殖立法中得到明确描述，即使这意味着要直接或间接地引用构成该框架的其他法律。此外，如下文所述，同样重要的是确保建立法律机制，为促进报告和信息流动提供便利。

### 13. "主管部门"

除了水产养殖管理部门，还必须在水产养殖的法律框架内，根据《水生动物卫生法典》，确定水生动物卫生的"主管部门"。如本书第 2 章所述，《水生动物卫生法典》赋予世界动物卫生组织总部与主管部门直接联系的权利。

《水生动物卫生法典》中的"主管部门"一词是指成员兽医部门或其他政府部门，有责任和权限在其境内确保或监督实施水生动物卫生和福利措施、签发国际卫生证书，以及落实《水生动物卫生法典》中的其他标准和建议。主管部门可能与水产养殖管理部门同设在一个部委，也可能不在同一部委。在实践中，如果水产养殖管理部门设在同时负责农业和食品的部委下，则主管部门更

---

① 《渔业法》，2017 年。

有可能属同一个部委。泰国目前就是这种情况，农业和合作社部也负责水产养殖。

### 14. 植物保护组织

关于水生植物卫生，还需要在水产养殖的法律框架内确定实施《国际植物保护公约》的"植物保护组织"。这一问题通常会在植物卫生法中得到解决，但在实践中，也有必要核实此类法律是否真正适用于水生植物。

### 15. 明确承认其他机构在水产养殖立法中的作用

鉴于参与实施水产养殖法律框架的不同机构的数量，重要的是确保水产养殖立法直接或间接提及这些机构。为此，粮农组织《负责任渔业技术指南第5号：水产养殖发展》（粮农组织，1997）规定如下：

> 还应与农业、农村发展、水资源、环境、卫生、教育和培训等其他主管部门建立适当的联系机制。这些联系可能需要以立法形式确定。

在这项规定中需要注意的一个关键点是"可能需要以立法形式确定"。事实上，在实践中政府部门往往很难轻松地跨部门合作。根据国家起草惯例，可以通过明确提及相关机构的名称（如"动物卫生机构"）或描述相关机构职能（"负责动物卫生的机构"）来以立法形式确定联系。

### 16. 正式协调和信息交流机制

鉴于该行业涉及的不同行为者的数量，在水产养殖立法中建立专门的机构间协调和信息交流机制具有现实意义。

例如，秘鲁水产养殖法第10条规定建立"国家水产养殖系统"（西班牙语为 El Sistema Nacional de Acuicultura，以下简称 SiNACUi），作为一个由中央和地方政府机构组成的正式机构间协调机制。SiNACUi 的成员规定如下：

> SiNACUi 由以下机构组成：①生产部（PRODUCe）；②环境部（MiNAM）；③国防部，通过秘鲁海军舰长和海岸警卫队总指挥部（DiCAPi）；④环境部国家自然保护区服务局（SeRNANP）；⑤环境部环境评估和控制机构（OeFA）；⑥农业部国家水务局（ANA）；⑦外贸和旅游部秘鲁出口和旅游促进委员会（PROMPeRÚ）；⑧生产部生产技术研究所（iTP）；⑨环境部秘鲁亚马逊研究所（iiAP）；⑩生产部国家渔业卫生局（SANiPeS）；⑪生产部秘鲁海洋研究所（iMARPe）；⑫生产部国家渔业发展基金会（FONDePeS）；⑬负责管理地方政府水产养殖活动的实体和机构。

西班牙是一个拥有高度分权行政体系的国家，其协调机构是"国家海水养殖咨询委员会"，该委员会被明确授权协调"自治区"和位于马德里的中央政府的活动。（海洋）水产养殖法①第27条规定如下：

> 为了促进不同自治区活动的协调，并监督国家计划实施，将在海洋渔业总局成立国家海水养殖咨询委员会。该委员会成员包括所有渔业部门和海水养殖部门的代表。该委员会的具体目标、组成和运作将在自治区通过并由农业、渔业和食品部门批准并公布的法规中规定。

魁北克水产养殖法第 A5 条所载的确保机构间协调的另一种方法是明确规定不同相关部长之间的信息交流机制。第 25 条规定如下：

> 部长或部长在其部门指定的人员应向可持续发展、环境和公园部长，自然资源和野生动物部长，以及卫生和社会服务部长转达并接受部长持有的或第三方提供的任何机密的工业、金融、商业、科学或技术信息。这些信息是实施本法及配套法规或预防公共卫生或安全、环境或野生动物风险以及保护它们所必需的。

## 4.3 权属安排

权属安排决定了居民、社区和组织如何获得和使用包括土地和水在内的自然资源。确定的土地和水资源权属安排对于可持续水产养殖是必要的。毕竟，谁会基于不完善、不确定的权属安排投资该行业呢？然而，可以看出，土地和水资源权属安排的性质和相对重要性可能会因水产养殖的地点而存在显著差异。

虽然葡萄牙水产养殖法第 2 条主要规定该法的适用范围，但也反映了土地和水资源权属问题的复杂性：

> 该法令适用于在海水和内陆水域建立水产养殖设施，特别是位于私人所有领域、国家私有领域以及国家和地方当局公共领域（包括国家水利领域）的设施。

此外，即使土地被水覆盖，它仍然是土地。爱尔兰水产养殖法第 3 条②明确规定：

> "土地"包括被水覆盖的土地和覆盖该土地的水。

---

① 关于海洋养殖的 1984 年 6 月 25 日第 23/1984 号法律。
② 1997 年《渔业（修正）法案》。

虽然水产养殖围栏或浮式网箱利用了流经其中的水，但它们仍然需要附着在湖泊、河流或海床上，这也是对土地的利用。

最后，虽然在水产养殖中的权属安排（涉及土地和水资源使用权）和水产养殖许可（授权从事水产养殖）之间进行明确区分对研究分析工作很有用，而且这种区分在水产养殖立法中也很常见，但实际上，权属安排和许可授权之间的关系更为复杂。

首先，如下文所述，在西班牙和澳大利亚塔斯马尼亚州等地，设定权属的文书也起到了授权进行水产养殖的作用。换言之，它们也充当了水产养殖许可证。

其次，土地使用权授予也与水产养殖规划问题密切相关，这在下面第 4.4 部分有更详细的讨论。特别是在涉及私有土地的情况下，投资者在申请许可证之前通常要先获得建造水产养殖设施的土地。同时，选址决策对于水产养殖至关重要，这不仅体现在解决水产养殖对环境和其他活动的潜在影响方面，而且体现在确保水产养殖设施本身位于适宜区域（特别是就所用水质而言）方面。在需要为水产养殖征用私有或公共土地的情况下，规划机制可以发挥重要作用，确保在适宜地区进行此类征用。

## a）土地权属

土地是所有类型的水产养殖所必需的，尽管其形式可能不同[1]。首先要注意的一个关键点是，根据水产养殖设施的位置适用不同的土地权属制度。例如，需要建造池塘或安装水箱的水产养殖可以在享有所有权或租赁权的私有土地上进行。在这种情况下，拥有或使用土地的权利与在农业等其他活动中相同，水产养殖立法对此问题几乎没有补充规定。

然而，并非所有法域都规定了私人土地所有权。例如，在越南，土地属于人民（由国家代为行使），国家可以分配租赁权或使用权。水产养殖用地与农业用地具有相同的法律地位，其分配应按照土地利用总体规划进行[2]。

即使在规定了私人土地所有权的法域内，适合水产养殖的大片土地也可能归公有。此外，特定地区的土地通常也归为公共土地。这包括：①河岸或河床土地；②位于沿岸或海洋区域的土地。因此，根据水产养殖设施是位于私有土地、公共土地还是海底或河床，可能会适用不同的土地权属制度（图 4-1）。使问题进一步复杂化的是，不同的法律可能会规定不同的适用土地权属制度。

---

① 即使是拖到海上的浮式网箱，也需要某种陆地基地来储存或卸货。
② 2013 年《土地法》第 5 章。

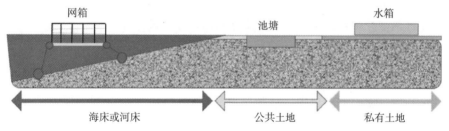

图 4-1　不同的土地权属制度，包括适用于通常被归类为
公共土地的河床或海底土地的具体制度

## 17. 公共土地

如果水产养殖发生在既不是临时被水覆盖也不是永久被水覆盖的公共土地上（见插文 H），必须确保相关立法规定：①使用此类土地进行水产养殖有明确的法律依据；②此类土地可以使用足够长的时间，以实现投资回报[①]。

> ### ➡ 插文 H　公共土地
>
> 本书中使用的"公共土地"一词包括国家或地方政府拥有的所有土地。它通常包括河流、潟湖和河口的水下土地以及海床。在一些民法法系司法管辖区，此类土地（以及相关水域）是所谓的"国家领土"的一部分。国家领土通常分为两类：可供私人使用甚至出售的私人领域土地；不可转让的公共领域土地。

如果相关立法（可能是一般的土地权属立法，或关于公共土地或国家公共领域的专门法）没有解决这个问题，那么可以考虑修订水产养殖立法以规定用于水产养殖的公共土地租赁权或特许权。而且，此类租赁权或特许权应具有足够长的期限，以使投资者能够获得水产养殖的投资回报。

根据实践，期限通常在 1～25 年。在一些国家，这是一个专门在水产养殖立法中解决的问题。例如，多哥水产养殖法第 57 条规定：

在国家公共领域内经营水产养殖设施或开发业务者，必须按照公共领域的占用和管理规则获得特许权。提交申请、审查和发放特许权的程序根据现行法规制定。

类似地，斯里兰卡水产养殖法第 38 条规定：

---

① 如上文第 9 节所述，欧盟成员国制定的多年度国家战略计划必须以"水产养殖经营者在水域和空间使用权方面的合理确定性"为目标。

根据《王室土地条例》的规定，部长认为符合国民经济利益时，应出租部分国有土地或斯里兰卡水域用于水产养殖。

## 18. 河岸或河床土地

水资源法①通常规定，使用淡水水体（河流、水库、湖泊）附近或下方的公共土地进行水产养殖（以及其他用途），必须以特定的法律文书为基础，如用水许可证、授权书、特许权协议或租约（以下简称"用水许可证"）。

同样，要确保相关立法为在期限足够长的用水许可证的基础上使用此类土地进行水产养殖提供明确的法律依据，以保障投资回报。此类许可证还应明示或默示授权将流经网箱或结构的水用作"非消耗性"用途。

水产养殖立法可以参照适用相关的水法和任何用水许可证的要求，例如加拿大魁北克省水产养殖立法第19条规定：

在国有水域从事水产养殖的许可证持有人，依据《水道法》必须享有水产养殖用途租赁权。

## 19. 沿海和海洋区域公共土地的使用

本标题下包括公共沿海土地以及用于微咸水或海洋水产养殖的淹没或半淹没土地，包括潟湖、河口和海床。同样，要确保相关立法规定：①为使用此类土地进行水产养殖提供明确的法律依据；②此类土地可以使用足够长的时间，以实现投资回报。

在许多法域，沿海和海洋地区公共土地的使用受与海洋区域有关的专门立法的约束。以中国为例，相关专门立法就是2002年的《中华人民共和国海域使用管理法》。在爱尔兰，从高潮线到领海外部界限之间的海岸和海床的占用或使用权需要相关部长根据《滩涂法案》通过授予"滩涂许可证"或"滩涂租约"的方式进行批准。滩涂租约和许可证被视为水产养殖许可证的"配套"许可。为此，爱尔兰1997年《渔业法（修正案）》第82条规定，当部长审批与水产养殖许可证有关的滩涂租约或许可证申请时，必须"考虑许可证颁发机构关于水产养殖许可的任何决定"。

在一些法域，水产养殖法本身规定了为水产养殖目的而使用海床的权利。例如，澳大利亚南澳大利亚州的水产养殖法规定，部长可在州水域（从基线延伸至多12海里）内授予"生产租约"。该法律还就生产租约的分配程序制定了相对详细的规则，包括一般性的邀请申请和成立"水产养殖权属分配委员会"，

---

① 在一些法域，小溪和河流附近及下方的土地也属于私人所有，即适用私人土地权属规则。然而，私人土地上池塘下的土地通常被视为私人所有。

向部长提供建议，包括适用于每份租约的标准条件。该立法还规定授予短期"试点租约"，在新的地区进行水产养殖开发试验，并规定在没有生产租约的情况下不得颁发水产养殖许可证，除非是在移动船只或拖曳结构中进行的水产养殖。换言之，租约通常是获得许可证的先决条件。同样，在塔斯马尼亚州，根据1995年《海水养殖规划法》签发的水产养殖租约是根据1995年《海洋生物资源管理法》核发海洋养殖许可证的先决条件。

然而，如前所述，在一些法域，设定权属的文件，如租约或特许权合同，也起到水产养殖许可证的作用。例如，西班牙海水养殖法第4条明确区分了"特许权"和"授权"，前者授予西班牙籍自然人或法人对公共土地享有专用权和收益权，以建设用于研究或开发海水养殖的设施，后者则授权为研究或开发目的进行海水养殖。然而，需要注意的是，当水产养殖特许权涉及使用海上固定结构时（这种情况较常见），根据西班牙1969年第28号法律《海岸法》第10.3条，还需要港口和海岸主管机构授予单独的特许权。

此外，授予海床土地权属的期限是个关键问题。同样，要确保授予的权属具有足够长的期限，使投资者能够获得投资回报。在越南，使用权虽然可以续期，但只能持续5年。在南澳大利亚州，生产租约可以长达20年，之后可以续期。同样，根据西班牙海水养殖法，特许权初始有效期为10年，但后续可延长，至多共50年。

然而，如果租约或特许权期限过长，可能会造成占用海洋空间的问题。为此，智利2010年《水产养殖改革法》所载的改革之一是将水产养殖特许权的期限限制在25年内，并规定只有取得积极的环境报告才能延长。另外，租约或特许权的转让或分配权这一问题将在下文第57节中详细讨论。

## 20. 权属证明要求

在公共机构授权在特定土地区域进行特定活动之前，通常要求申请人提供证据证明其有权使用该土地，以避免产生土地权属纠纷。因此，水产养殖立法应要求提供权属证明，证明有使用拟建水产养殖设施相关土地的合法权利，以支持水产养殖许可证的申请。在使用公共土地的情况下，这一点尤为重要。

例如，克罗地亚水产养殖法第9条规定，只有当申请人享有"为开展水产养殖活动而对海洋财产进行经济使用"的特许权，或者"在国有农业用地上进行养殖的，根据农地特别法的规定，获得了有权使用国有农业用地开展水产养殖活动的法定证明文件"时，才能获得水产养殖许可证。

## 21. 承认土地权属习惯法

在许多国家，传统土地权属习惯法是城市地区以外土地权属规定的主要类型。因此，土地权属习惯法基于其自身的具体规范体系，通常依赖口头协议和相关社区的同意，而不是正式的产权文件。在这种情况下，水产养殖立法有必要规定关于土地权属证明（即使用有关土地的合法权利）的特殊要求。

例如，加拿大纽芬兰和拉布拉多省水产养殖法[①]载有关于使用涉及原住民因纽特人权利的土地的具体规定。

**拉布拉多因纽特人的权利**

3.1 （1）本法和根据本法制定的规章应与《拉布拉多因纽特人土地索赔协议法》一起阅读和适用。如果本法或根据本法制定的规章的条款与《拉布拉多因纽特人土地索赔协议法》的条款或条件不一致或冲突，则《拉布拉多因纽特人土地索赔协议法》的条款或条件应优先于本法或根据本法制定的规章适用。

（2）部长根据本法颁发水产养殖许可证时，可以在许可证条款和条件中添加被许可人必须遵守的条款和条件，以确保符合《拉布拉多因纽特人土地索赔协议法》的条款和条件。

## b）水资源权属

水产养殖的成功在很大程度上取决于获得充足、优质的水（Lebel 等，2019）。使用劣质水会导致鱼类应激、鱼类疾病风险增加、化学品使用增加，并最终导致人类面临更高的食品安全风险。以法律的形式保障提取和使用足量的清洁水，是可持续淡水水产养殖的必要条件。相比之下，很少法域对提取和使用海水进行监管。

### 22. 淡水提取和使用许可证

在大多数（但不是所有）法域，淡水的提取和使用是根据水资源法进行监管的。这类法律通常要求任何希望提取和使用水产养殖用水的人获得长期用水许可证（也可以称为执照、授权或特许权）。为了在 2030 年之前落实联合国可持续发展目标（联合国，2015）中关于清洁饮水和卫生设施的目标下的第 5 项要求，即水资源综合管理（IWRM），许多国家最近通过了修订后的水资源法或者正在修订。

这种用水许可制度的基本目标是为包括水产养殖在内的不同用水者和不同用水部门之间的水资源分配和使用提供明确的法律依据。同时，用水许可证保障持有人用水权，因为水资源立法通常要求在颁发新的用水许可证或授权可能对水质产生负面影响的用水行为之前，考虑和尊重现有用水许可证持有人的权利。

---

① 《水产养殖法案》，1991 年。

因此，关于水资源权属的第一个问题是，适用的水资源立法是否要求为水产养殖目的提取和使用淡水而申请用水许可证？这实际上是一个只能在水资源法中才能妥善解决的问题。如果这一问题得不到充分解决，就有必要相应地修订水资源法。水产养殖法只能参照适用相关立法。例如，墨西哥水产养殖法第101条引用了墨西哥水资源法：

> 根据《国家水资源法》、本法及其附属立法的规定，水务局可向个人或公司授予开发或使用国内水资源进行水产养殖的权利[①]。

如上文第 18 节所述，使用河床土地来固定网箱或其他水产养殖设施通常也需要许可证，许可证明示或默示授权使用流经网箱设施的水资源。

### 23. 保护现有的水资源保有权安排

要确保水资源立法规定审批新的水资源使用许可证申请时尊重现有许可证（包括与水产养殖有关的许可证）持有人的权益。这适用于消耗性用水（如从池塘中取水），也适用于非消耗性用水（如在网箱或其他设施中用水）。具体体现：①确保有足够的水用于此类用途；②确保用水水质符合适当标准。需要注意的是，水温通常是水产养殖用水质量的一个重要问题。例如，水电站大坝排放的冷脱氧水会对下游水产养殖设施造成严重危害。

### 24. 水资源立法的实施

由于人口增长和经济活动增加，淡水资源面临越来越大的压力，这对淡水养殖在水资源供应方面的可持续性构成了越来越严重的挑战。尽管如前所述，许多国家最近通过了修订后的水资源立法，以实施水资源综合管理，但现实情况是，水资源综合管理的实施成本高昂而且具有挑战性，导致实施往往严重滞后。在这方面，水资源立法的执行不力或实施不足也可能对淡水养殖在水资源量化管理方面的可持续性构成严重挑战。

水产养殖管理部门自身几乎无法解决这一问题，只能监测水资源状况，并通过指出在农村收入、粮食安全等方面对水产养殖行业的潜在不利影响来游说增加资金投入。淡水养殖行业以及水产养殖管理部门，是实施水资源立法的关键利益相关方。

### 25. 水质标准

对于淡水养殖来说，水质和水量同样重要。换言之，如果水的使用权安排仅赋予了特定数量的用水权，而水质差到不适合用于水产养殖，那么这种用水

---

① 西班牙语原文："La explotación, uso o aprovechamiento de las aguas nacionales en la acuacultura, se podrá realizar por personas físicas o morales previa la concesión respectiva otorgada por la Autoridad del Agua, en los términos de la Ley de Aguas Nacionales, la presente Ley y sus reglamentos."

权安排就缺乏足够的保障。特别是，但不限于在发展中国家，水质危机日益严重，对淡水养殖行业构成重大威胁（Damania 等，2019）。就应对这一危机而言，第一个需要解决的问题是，水资源立法（或某些国家的环境立法）是否规定了制定环境水质标准、制定排放标准和颁发废水排放许可证。

环境水质标准参照河流或水体提取和使用目的，对这类水体设定具有约束力的质量目标；而排放标准通常规定固定点排放的污染物浓度。废水排放许可证通过设定与废水处理相关的具有法律约束力的条件和要达到的排放标准来规范废水的排放，以确保符合环境水质标准。

如果现有的水资源或环境立法中没有规定此类标准或许可条件，那么首要任务必须是通过立法改革填补这一空白。

### 26. 水质标准的实施

与水量管理一样，即使制定了关于水质标准或排放许可的适当法律，也必须评估其执行或实施程度。同样，水产养殖管理部门自身几乎无法改变这种情况，只能监测水质情况并识别对该行业的威胁，以游说采取补救措施。

## 4.4　规划和批准

根据相关法域和要进行的水产养殖类型，除了根据水产养殖立法颁发的许可证外，水产养殖可能还需要根据不同的法律和规划机制进行一系列不同的审批（图 4-2）。例如，苏格兰的水产养殖需要不同机构的 5~7 份许可，具体取决于是否需要进行环境影响评价（见插文 I）。如本书第 3 章所示，澳大利亚昆士兰州的水产养殖可能也需要类似数量的审批。

图 4-2　可能与水产养殖相关的不同空间规划或授权制度

其中许多审批与水产养殖设施的选址有关。选址决策至关重要，不仅关系到解决水产养殖对环境和其他活动的潜在影响，而且关系到确保水产养殖设施本身位于适宜的位置，特别是水质适宜。

一旦水产养殖设施获得授权和建造，即使水资源或环境立法得到充分实施，通常也很难（甚至不可能）改变那里用水的水质。

> ### ➡ 插文 I　苏格兰水产养殖所需许可
>
> 根据是否涉及环境影响评价，可能需要5~7份许可，具体如下：
>
> 1. 英国皇家财产局或苏格兰皇家财产局（负责管理海洋公共土地的机构）签发"海床和滩涂租赁协议"，授予海床和滩涂区域土地的使用权。
> 2. 地方政府授予的规划许可。
> 3. 环境影响评价（EIA），如有要求，由当地政府进行评估。
> 4. 苏格兰海洋许可证运营团队颁发的海洋许可证。
> 5. 苏格兰海洋科学与鱼类健康监察局颁发的水产养殖业务经营授权书。
> 6. 苏格兰环境保护局（SEPA）颁发的《受控活动条例》（CAR），旨在监管水产养殖对水质的潜在影响。
> 7. 栖息地法规评估（HRA），如果拟建设施可能对保护或受保护物种产生负面影响，则可能需要该评估。该评估由以下任何一方发布：地方政府、苏格兰海洋许可证运营团队、英国皇家财产局或苏格兰皇家财产局、苏格兰海洋科学鱼类健康监察局。
>
> 资料来源：Nimmo F、McLaren K、Miller J、Cappell R。《苏格兰水产养殖业同意制度的独立审查报告》。苏格兰爱丁堡。

此外，随着水产养殖行业的发展，适合其发展的空间压力越来越大，与其他陆地和海洋使用者发生冲突的风险也在增加。最近的一份欧盟战略文件（欧盟委员会，2021）发现，目前欧洲提高水产养殖产量的主要挑战是近海保护区缺乏可用空间，其次由于需要从不同机构获得不同许可和批准，导致行政流程复杂。

### a）土地利用规划

土地利用规划（有时被描述为空间规划）立法可能适用于所有类型的水产养殖，但海上牵引网箱除外（如前所述，牵引网箱的运营也需要某种地基）。

**27. 土地利用规划立法在水产养殖中的应用**

根据水产养殖的类型和相关法域的立法，水产养殖可被归类为"开发"活动，这意味着新建水产养殖设施需要获得土地利用规划和开发批准（以下简称"开发许可"）。例如，在冰岛，陆上水产养殖需要获得开发许可，而水上水产养殖则不需要。另外，在挪威，《规划和建筑法》适用于包括河流系统在内的整个国家领土，并延伸至领海 1 海里。"开发"需要获得土地利用规划部门的开发许可，该法律将"开发"定义为"在土地内、土地上、土地上方或土地下方进行建筑、工程建设、采矿或其他作业，以及对任何建筑、其他土地的使用或养鱼场的运营进行任何重大改变……"。

类似地，在苏格兰，土地利用规划立法适用于距离基线 3 海里内的区域，不仅新建海水养殖设施需要开发许可，而且现有设施的用途变更（例如将贝类养殖场改为鱼类养殖场）或养殖物种的变更以及现有授权设施的改造也需要开发许可（Slater，2016）。另外，马来西亚 1965 年《国家土地法典》和 1986 年《城乡规划法》要求大多数类型的开发都必须获得开发许可，但水产养殖被归为一种"农业"活动，这种活动通常不受土地利用规划限制或不需要开发许可。

因此，第一个问题是，水产养殖是否受土地利用规划立法的约束？如果是的话，则每个新的水产养殖项目都需要获得开发许可。土地利用规划立法通常规定，开发许可的申请须经过公众咨询程序，其中可能包括举行公众会议和通知可能受到开发提议影响的人。如果不是，则意味着水产养殖发展的空间规划问题将需要在很大程度上或完全根据水产养殖立法来解决，包括关于公众咨询的规定。

### 28. 在空间发展规划中确定可以进行水产养殖的区域

如果土地利用规划立法适用于水产养殖，下一个问题是空间发展规划是否确定了可以或不可以进行水产养殖开发的区域。鉴于水产养殖的技术特点，这通常需要水产养殖管理部门的参与。例如，在克罗地亚，根据 2013 年《空间规划法》在县级通过的空间规划中确定可以进行水产养殖的区域，并以 2018 年 11 月 30 日通过的 NN1067/2018 号关于划定海洋领域水产养殖区域标准的条例这一附属专门立法作为补充。

然而，值得注意的是，这项条例是由负责水产养殖的部长与负责环境和空间规划的部长协商，根据《水产养殖法》第 14 条通过的。换言之，此例体现了克罗地亚水产养殖法用于修订和完善本国水产养殖法律框架的其他要素，从而更好地将水产养殖纳入空间规划（或使用第 3 章中的表述，即在水产养殖立法和规划立法之间建立更紧密的联系）。

如果土地利用规划立法没有确定可以或不可以进行水产养殖的区域，这意味着开发许可申请将根据具体情况进行确定，这可能会导致投资者的不可预测性。此外，如果土地利用规划没有确定可以或不可以进行水产养殖的区域，则根据水产养殖立法进行具体的水产养殖空间规划就显得尤为重要（见下文第 47 节）。

### 29. 需要开发许可的设施

无论如何界定，如果相关法律规定，只有大规模水产养殖开发才需要开发许可，那么小规模水产养殖的发展可能存在不受控制或不协调的风险。在这种情况下，也应考虑通过水产养殖立法制定关于空间规划的规定。

### 30. 在水产养殖立法中提及土地利用规划

如果土地利用规划立法适用于水产养殖，重要的是要确保水产养殖立法：①交叉引用在考虑水产养殖许可证申请之前，获得开发许可的必要性（如有必要）；②规定与有关土地利用规划部门协调决策；③设立"一站式服务"，共同决定规划许可和水产养殖许可证的申请。

例如，挪威水产养殖法第 8 条和第 15 条明确规定了这种相互联系，具体如下：

**第 8 条　水产养殖相关事宜的协调**

根据本法以及第 6 条第 1 款第（d）项所列法律，作为规划和建设主管部门的市政当局，有义务对申请进行高效和协调的处理。

部长可通过条例就申请处理的协调工作作出详细规定，包括规定处理申请的时限。

......

**第 15 条　与土地利用规划和保护措施的关系**

水产养殖许可证的发放不得违反以下规定：

（a）根据 1985 年 6 月 14 日第 77 号《规划和建筑法》通过的土地利用规划；

（b）根据 1970 年 6 月 19 日关于自然保护的第 63 号法令采取的保护措施；

（c）根据 1978 年 6 月 9 日关于文化遗产的第 50 号法令采取的保护措施。

如果相关规划或保护主管部门同意，则可以颁发水产养殖许可证。

下文第 53 节讨论了"一站式服务"的问题。

## b）海洋立法

一些海洋立法项目可能与在海洋水域进行的水产养殖有关。

### 31. 海洋空间规划立法

由于对海洋空间日益增长的压力有了更深入的认识，近年来越来越多的法域通过了海洋空间规划（MSP）立法。MSP 的目的是在保护海洋环境的同时，平衡不同经济部门（如航海、渔业、能源生产和水产养殖）对海洋空间的竞争性要求。例如，欧盟《海洋空间规划指令》[①] 要求欧盟成员国编制"海洋空间规划"，以"确定其管辖海域内相关现有和未来活动及用途的空间和时间分布"。另外，越南的海洋空间规划以《规划法》第21条为基础，并依据《渔业法》第44条进行补充规定。

如果没有 MSP 立法，则可以考虑在根据水产养殖立法制定的水产养殖空间规划中解决其他海洋空间规划问题，详见下文第 4.4.6 部分。

### 32. 确定可以或不可以进行水产养殖的区域

如果 MSP 立法已经制定，下一个问题是由此产生的海洋空间规划是否确定了可以或不可以进行水产养殖的区域。例如，上述欧盟指令第 8 条第（2）款列出了制定海洋空间规划时必须考虑的海洋活动指示性清单。该清单从"水产养殖区"开始，其次是"捕鱼区"，以及一系列其他活动，包括"海上运输路线和交通流量"和"自然和物种保护地和保护区"。

### 33. 水产养殖立法中对 MSP 立法的交叉引用

如果 MSP 立法已经制定，确保水产养殖立法在水产养殖规划和许可方面交叉利用 MSP 立法至关重要。

### 34. 航行立法下的批准

海水养殖设施对航行构成潜在危险。在某些法域，水产养殖设施的选址需要事先获得负责航行的部委、司局或机构的批准。为避免碰撞事故，此类审批可以在符合关于养殖设施照明或其他标识条件的基础上作出。

在这种情况下，需要在水产养殖立法中交叉引用航行法的相关条款。例如，挪威的水产养殖法第 6 条明确规定根据"1984 年 6 月 8 日关于港口、航道等的第 51 号法令"授予许可。实际上，协调问题不仅涉及水产养殖许可证的发放，还涉及基于水产养殖立法授予的土地使用权（如租约或特许权）。为此，南澳大利亚州水产养殖立法第 20 条规定：

**第 20 条　与《港口和航行法》的协调**

（1）部长就本部分适用的区域批准水产养殖租约的权力须符合 1993 年《港口和航行法》第 15 条的要求，即得到负责实施该法的部长的同意。

（2）然而，以下事项不需要经负责实施《港口和航行法》的部长同意——

---

① 欧洲议会和理事会 2014 年 7 月 23 日关于建立海洋空间规划框架的第 2014/89/EU 号指令（OJ L 257，2014 年 8 月 28 日，第 135 页）（简称《海洋空间规划指令》）。

（a）根据规定将租约区域划分为单独的租约区域或合并租约区域后，对水产养殖租约的替换；或

（b）对不在 1993 年《港口和航行法》所指港口或海港范围内的区域批准应急租约。

类似地，西班牙海洋水产养殖立法第 9 条交叉引用与授予水产养殖特许权有关的航行立法。

## c）洪水、干旱和风暴潮

由于气候变化，洪水、干旱和风暴潮对水产养殖设施造成的风险可能只会增加。亚太水产养殖中心网特别就该主题发表了许多技术研究报告[①]。除了危及水产养殖的经济可持续性外，洪水和风暴潮对水产养殖设施的破坏也可能危害环境，例如造成水生动物的逃逸。

这些问题可在相关行业法律中加以考虑，包括土地利用规划立法。但如果相关行业法律未作规定，特别是如果水产养殖不受土地利用规划立法的约束，那么需要在水产养殖立法中解决这些问题。

### 35. 内陆洪水风险

湿地和河流附近的低洼地区通常特别适合建造水产养殖设施，但同时可能特别容易受到洪水的影响。水资源法、相关的土地利用规划立法日益注重识别洪水风险较高的地区。例如，欧盟《洪水风险指令》第 7 条要求成员国确定存在或者可能具有重大洪水风险的地区，并编制"洪水灾情地图"和"洪水风险地图"以及洪水风险管理计划。

如果已建立此类机制，水产养殖立法应规定在审批水产养殖许可证申请时将其考虑在内。如果没有，那么在制定水产养殖发展空间规划时，洪水风险应该是另一个需要考虑的问题。

### 36. 水产养殖用水优先

气候变化导致的水资源短缺可能会增加淡水养殖的风险（欧盟委员会，2021）。如上所述，水产养殖池塘、水箱和跑道池的淡水提取通常需要获得用水许可证。用水许可制度通常规定，在干旱或低流量时，通常根据优先顺序，临时限制或减少可抽取的水量。根据水资源立法本身或相关流域管理计划的规定，基本生活用水（饮用水）和生态需水通常具有最高优先权。从水产养殖行业的角度来看，重要的是确保作为重要食物来源的水产养殖，与其他类型的农业活动一样被赋予高度优先权。

---

① 参见：https：//enaca.org/？id＝9

这一问题在水产养殖立法中无法解决，但应在水资源立法或相关流域管理规划中体现用水优先级。

### 37. 对沿海陆地和海域极端天气事件风险的识别

位于沿海地区和海域的水产养殖设施也可能面临风暴潮等一系列极端天气风险。洪水不仅可能摧毁这些设施，还可能导致里面养殖的水生动物逃逸。如果已经在其他立法（例如关于土地利用规划、水资源管理、海岸带管理的法律，或在气候变化适应措施中关于洪水或气候变化的专门立法①）中规定了对这些风险识别和管理，那么水产养殖立法必须交叉引用。如果其他立法没有规定，在水产养殖立法中规定极端天气事件风险管理问题将越来越重要。

## d) 海岸带管理

除了易受风暴潮影响外，包括红树林在内的人口稠密的低洼沿海地区，还发挥了一系列生计保障和重要的生态系统功能。在海岸带脆弱的栖息地发展大规模商业对虾养殖是该行业面临的主要环境批评之一。

### 38. 海岸带管理规划

为了减少冲突和促进海岸带的可持续利用，许多国家通过了海岸带管理法，要求制定海岸带管理规划作为海岸带综合管理（ICZM）进程的一部分。

如果此类法律已经制定，重要的是首先核实法律本身和海岸带管理规划中是否涉及水产养殖问题，包括划定可以或不可以进行水产养殖的区域。同时，水产养殖立法须交叉引用这些规定，并要求在审批在海岸带发展水产养殖的申请时考虑到这些规定。

如果没有海岸带管理法，则应考虑修订水产养殖立法，要求在水产养殖发展空间规划中考虑海岸带内的脆弱栖息地和其他土地用途（详见下文第4.4.6部分）。

## e) 环境立法

除了循环水养殖系统②之外，环境立法与所有类型的水产养殖都有关。如第1章所述，水产养殖对环境的负面影响可能是巨大的，负面影响可能包括：①水生动物排泄物造成的水污染；②土地用途变化对栖息地的不利影响；③水产养殖中使用的化学品或药物对水质的负面影响；④对脆弱栖息地和生态系统

---

① 《联合国气候变化框架公约》缔约方大会通过的《巴黎协定》第7条要求各缔约方采取适应行动，包括制定和实施国家适应计划，应提交包括优先事项、需求、计划和行动的适应信息通报并定期更新。

② 循环水养殖系统也会产生一些必须处理的废物。

的破坏；⑤释放患病生物体和携带者；⑥基因改变和入侵性非本地物种的逃逸，对生物多样性和渔业造成直接或间接影响；⑦负面文化影响（景观；人口情况）；⑧投入品（如饵料、肥料等）对更广泛环境的间接负面影响。

关于水产养殖的潜在环境影响，《行为守则》第9.1.2条规定，"各国应促进负责任的水产养殖发展和管理，包括根据现有最佳科学信息，提前评估水产养殖发展对遗传多样性和生态系统完整性的影响"。

### 39. 环境影响评价立法在水产养殖中的应用

如第3章所述，环境影响评价程序旨在确定开发项目的潜在负面影响，以及预防或减轻此类影响的措施。在许多法域，环境影响评价立法要求负责决定是否批准项目的人员在做出决定时考虑潜在的环境影响。然而，在其他法域，环境影响评价程序由负责环境保护的机构主导，并由该机构颁发环境许可证，为项目授予环境许可或批准，同时规定旨在降低负面环境影响的许可条件。

关于水产养殖，《行为守则》第9.1.5条明确指出：

> 各国应制定针对水产养殖的有效程序，进行适当的环境评估和监测，以尽量减少因取水、土地使用、废水排放、药物和化学品的使用以及其他水产养殖活动而造成的负面生态变化和相关经济和社会后果。

因此，第一个问题是，从建造和设立新的水产养殖设施的意义上讲，水产养殖业的发展是否需要接受环境影响评价。如果水产养殖不受环境影响评价的约束，例如环境影响评价立法中根本没有提及水产养殖，那么这意味着新水产养殖设施的潜在环境影响很大程度上或者完全只能通过水产养殖立法规定。

### 40. 需接受环境影响评价的水产养殖项目

在许多法域，只有重要的或大规模水产养殖开发项目需要接受环境影响评价。例如，欧盟的相关立法规定，只有可能"对环境产生重大影响"的"密集型养鱼"项目才需要进行环境影响评价[①]。

在实践中，欧盟成员国根据一系列不同的标准对环境影响评价设定了阈值，包括水产养殖设施的规模（例如，如果拟议水产养殖设施规模超过5公顷，则要求进行环境影响评价）、鱼类总产量（例如，年产量超过100吨）、单位面积鱼类产量（例如，鲤鱼池塘每公顷鱼类产量超过4吨）或饲料消耗量（例如，每年消耗的干饲料超过2 000千克）（欧盟委员会，2015）。此外，欧盟关于栖息地和物种保护的立法规定，可能对某些类型保护区产生重大影响的

---

① 欧洲议会和理事会2011年12月13日关于评估某些公共和私人项目对环境影响的第2011/92/EU号指令（OJ L 26，2012年1月28日，第1页）。

项目（包括水产养殖项目）也应接受"适当评估"[①]。

在越南，仅需对水面面积 10 公顷以上的水产养殖设施建设项目和 50 公顷或以上大规模养殖项目进行环评[②]。

这意味着，如果规模较小的水产养殖设施不受环境影响评价的约束，则应考虑修订水产养殖立法，要求考虑在行业规划和水产养殖设施许可证发放方面潜在的环境影响。如下文所述，在小规模水产养殖不受许可证约束的情况下，还会出现另一个挑战。

### 41. 颁发环境许可证

如前文所述，在一些国家，环境影响评价是一个独立的程序，它会产生一份环境影响评价报告，确定拟建项目的潜在环境影响，相关决策者在决定是否批准该项目时必须将其考虑在内。例如，在苏格兰，相关地方政府在决定是否根据土地利用规划立法为拟议水产养殖项目签发开发许可证时，会考虑环境影响评价。

在其他国家，如智利，为拟建水产养殖设施编制环境影响评价是颁发环境许可证的第一步（Fuentes‐Olmos 和 Engler，2016）。如果环境影响评价获得批准，则颁发环境许可证，而环境许可证又包含旨在防止或减轻环境影响评价中识别出的潜在环境危害的条件。如果环境许可证中涉及环境管理缓解措施，则有必要在环境监管机构和水产养殖管理部门之间建立协调和信息交流机制。

如果颁发环境许可证不是环境影响评价程序的结果，这意味着根据水产养殖立法签发的许可证将是防止或缓解水产养殖设施对环境的负面影响的主要机制（具体讨论见下文第 44 节中关于水质的内容）。

### 42. 水产养殖立法中引用环境影响评价要求

如果新的水产养殖项目需要进行环境影响评价，需要确保授权程序的连贯性，并考虑修订水产养殖立法，以明确交叉引用环境影响评价立法的要求。

### 43. 战略环境评价

在越来越多的国家的官方规划和方案，如水产养殖发展规划，都要接受战略环境评价，以确定潜在的负面环境影响，并提出预防或减轻这些影响的措施。

如果是这种情况，那么在战略环境评价过程中，将确定水产养殖发展规划

---

① 1992 年 5 月 21 日关于保护自然栖息地和野生动植物群的理事会第 92/43/EEC 号指令（OJ L 206，1992 年 7 月 22 日，第 7 页）。

② 2015 年 2 月 14 日政府关于环境保护规划、战略环境评价、环境影响评价和环境保护计划的第 18/2015/ND‐CP 号法令。

可能产生的环境影响。如果不是这样，则应该考虑修订水产养殖立法，要求在水产养殖发展规划中明确水产养殖发展的环境影响及相应的缓解措施。

### 44. 水质问题

水产养殖产生的废物的质量和数量主要取决于所用养殖系统类型、养殖物种、饲料质量和水产养殖设施管理。有机物和营养物质主要来源于鱼类饲料、粪便和尿液，是最重要的污染物类型之一，并可能导致受纳水体中的藻类水华。包括抗生素、消毒剂和杀虫剂等医药产品在内的化学品也可能导致水质问题（Lebel 等，2019）。

原则上，水产养殖池塘、水箱或跑道池的废水排放应与任何其他废水排放一样，根据废水排放许可的要求进行（如前文第 26 节所述）。在网箱或围栏中进行水产养殖的情况下，没有可控制的离散排放，这使得控制水产养殖对水质影响的过程更具挑战性。那么如何才能做到呢？解决这个问题有两种基本方法。

第一种方法是，对水产养殖的水质问题在环境保护立法中加以规范。例如，在苏格兰，包括网箱养殖在内的水产养殖是《受控行为条例》（CAR）①中基于许可证制度规定的一系列潜在污染活动之一。CAR 许可证仅适用于鳍鱼设施。美国也有类似的做法，即在环境立法中对水产养殖造成的污染进行监管，特定水体中的水产养殖可能受到《联邦清洁水法案》的约束。

另一种方法是在水产养殖立法中解决水产养殖的潜在污染影响。在爱尔兰，水产养殖法附属条例②，通过为水产养殖许可证的发放设定额外的测试范围，解决了在水产养殖中使用危险污染物质的问题。更具体地说，条例规定，存在以下情况的，不得签发水产养殖许可证：

（a）申请人无法遵守可能排放的危险物质的数量和浓度限制；

（b）申请人无法遵守符合要求的排放标准；

（c）为确保符合环境质量目标或标准所必需的；

（d）为保护人类健康、植物健康、动物健康或福利、环境所必需的；

（e）对于欧洲共同体机构的法案（包括本条例序言中引用的法案）具有充分效力是必要的、辅助的或补充的。

此外，水产养殖许可证还受以下条件限制：

（a）（i）限制危险物质的排放，

---

① 《水环境（受控行为）（苏格兰）条例》（简称《受控行为条例》），2011 年。
② 《2008 年欧盟水产养殖危险物质控制条例》（S. I. No. 466 of 2008）。

（ii）根据相关欧盟水质立法第 6 条，制定与许可活动相关的排放标准；

（b）通过地图或其他方式，确定与危险物质排放相关的地点或水域的边界或限制；

（c）监测和检查排放量和排放标准；

（d）规定饲料投入量；

（e）规定操作规程，包括场地的养殖密度和休养制度；

（f）化学品和药品的使用和储存；

（g）要求遵守部长发布的此类规程，包括监测、审计和水产养殖场管理方面的规程；

（h）要求保存与本条例相关的条件的记录。

条例还规定，每个许可证的排放标准应参照相关的水质标准（如前文第 26 节所述）制定。

## 45. 保护区立法

关于是否可以在保护区内捕鱼，渔业法通常规定按保护区立法执行（即由相关保护区当局根据相关保护区立法确定是否可以在保护区内捕鱼），但水产养殖的情况略有不同，主要是因为某些水产养殖设施可以创造特定的栖息地，对生物多样性做出积极贡献（Francová et al.，2019）。因此，《拉姆萨尔公约》对湿地的定义足够宽泛，包括养鱼和养虾的水产养殖池塘等人工湿地。

与水产养殖有潜在关系的保护区包括内陆和沿海保护区以及海洋保护区。根据适用的法律，在特定类型的保护区内：

（a）水产养殖可能被完全禁止；

（b）某些类型的水产养殖可以在没有相关保护区当局特别授权的情况下进行；

（c）水产养殖可以在有相关保护区当局特别授权的情况下进行。

关键在于，无论具体情境如何，都要确保水产养殖立法交叉引用保护区立法及其中有关水产养殖的具体要求。

## 46. 栖息地和受保护物种立法

最后，除了环境影响评价要求外，确保水产养殖立法与以下领域保护立法的交叉引用也很重要：①濒危或迁徙物种；②对濒危或迁徙物种的生存至关重要的栖息地。

## f）水产养殖立法

在审查了水产养殖法律框架要素中包含的水产养殖发展可能需要的批准或许可后，有必要探讨水产养殖立法中的规划和授权条款。

### 47. 空间发展规划

空间规划对所有利用自然资源的活动都很重要，水产养殖也不例外。即使土地利用规划或海洋空间规划从空间规划的角度确定了可以或不可以进行水产养殖的区域，为了指导该行业的合理发展，水产养殖立法在大多数情况下也应规定制定国家或地方（区域）水产养殖空间发展规划[①]。

塔斯马尼亚州关于海水养殖场规划的具体立法第 4 条将立法目的描述为"实现海水养殖活动的良好规划和可持续发展"。第 4 条还规定，实现这一目的需要考虑到以下需求：

（a）将海水养殖活动与其他海洋用途相结合；

（b）将海水养殖活动的不利影响降到最低；

（c）为海水养殖活动以外的活动留出区域；

（d）考虑土地用途；

（e）考虑到社会对海水养殖活动享有利益。

这一规划应指导负责审批水产养殖租约或特许权以及许可证申请的官员。塔斯马尼亚州的立法还规定了不允许水产养殖的区域。南澳大利亚州的水产养殖立法也采取了类似的做法。

汤加水产养殖法[②]第 4 条规定部长有义务制定并定期审查水产养殖管理和发展计划，该计划应在公报上公布。经内阁同意，部长还可以将任何区域指定为"水产养殖区"，并宣布任何区域为"开发缓冲区"[③]。

纳米比亚水产养殖立法[④]第 6 编包含以下关于水产养殖开发区的相对详细的规定：

33.（1）部长可通过公报发布公告——

（a）宣布纳米比亚陆地或纳米比亚水域的任何区域，包括水下土地，为水产养殖开发区；

---

① 克罗地亚等国可能会出现例外情况，这些国家根据水产养殖附属立法制定了全面的土地利用规划，并且已经确定了大部分潜在的远海水产养殖设施场地。

② 《水产养殖管理法》，2003 年。

③ 汤加《水产养殖管理法》第 5 条和第 6 条。

④ 《水产养殖法》，2002 年第 18 号。

（b）确定水产养殖开发区的位置和范围，并确定其物理边界。

（2）在宣布一个地方为水产养殖开发区之前，部长必须与咨询委员会和任何对拟议水产养殖开发区有管辖权的部门协商，并对水产养殖开发区进行环境影响评价，确定水产养殖开发区的发展目标。

（3）为了保护在水产养殖开发区开展的水产养殖活动，部长可通过公报发布公告，规定在以下区域活动和使用的限制和条件——

（a）水产养殖开发区；

（b）排入水产养殖开发区的水；

（c）水产养殖开发区附近的任何陆地或水域。

（4）部长可通过公报发布公告以废除水产养殖开发区或更改其边界。

**在水产养殖开发区进行水产养殖**

34. 部长可通过公报发布公告，在部长认为必要的情况下，规定在水产养殖开发区或其部分区域开展水产养殖的限制和条件，包括——

（a）可养殖的水生物种；

（b）开展水产养殖和任何相关活动的条件；

（c）水产养殖开发区内可以建造的水产养殖设施的数量和规模，以及相关水产养殖区的承载能力。

**其他活动**

35. 除非部长书面授权，否则任何人不得在水产养殖开发区从事水产养殖以外的任何业务或活动。

从某种意义上说，在小规模水产养殖没有许可证的法域，规划更为重要，以防止该行业不受控制地发展，不尊重当地环境的承载能力。例如，泰国《水产养殖法》第77条规定，"任何人不得在省渔业委员会规定的水产养殖区以外经营受控的水产养殖企业"。在泰国，大多数水产养殖目前都是小规模的，不需要许可证，这意味着水产养殖区系统是控制（未经许可的）水产养殖活动发生的主要机制①。

**48. 水产养殖空间发展规划内容**

水产养殖空间发展规划显然应参照其他相关规划制定，并应解决一些基本问题。一种方法是在总体规划中确定特定的水产养殖区，然后对其制定具体的

---

① 然而，第77条并没有完全禁止除水产养殖区以外的水产养殖。相反，它交叉引用了第79条，该条规定，在国家公共领域的水产养殖可以根据该法案颁发的许可证进行。

管理规则。例如，墨西哥联邦水产养殖立法第 86 条规定设立水产养殖管理单元，以实现水产养殖的综合、有序和可持续发展。该条还规定：

> 每个水产养殖管理单元必须有一个管理计划，其中包括：
>
> （ⅰ）将在短期、中期和长期内采取的行动，与适用的规划和方案建立联系；
>
> （ⅱ）水产养殖生产单元的水体承载能力；
>
> （ⅲ）该地区或区域的地理特征；
>
> （ⅳ）现有基础设施工程和计划开发的基础设施工程及其管理方案；
>
> （ⅴ）管理单元的组织管理形式以及入驻水产养殖者的参与机制；
>
> （ⅵ）对水产养殖管理单元的物理和生物学特性的描述；
>
> （ⅶ）保护和可持续利用自然资源的行动计划以及符合适用法律规定的工作计划；
>
> （ⅷ）水产养殖健康、安全和质量行动；
>
> （ⅸ）增长和现代化行动；
>
> （ⅹ）水产养殖管理单位根据自身特点制定的应急预案、监测方案和其他必要方案；
>
> （ⅺ）根据《国家风险图集》，在当前和未来易受气候变化影响的情况下采取缓解和适应行动。

如下文第 120 节所示，《水生动物卫生法典》建议设立区域，将水产养殖中使用的水生动物的不同亚群分开，以防止疫病传播。这些区域可以通过自然或人为的地理屏障来分隔（Forrest 等，2009）。从一开始就将生物安全考虑纳入规划过程，可以加强该行业应对动物健康问题的能力。智利水产养殖立法在 2012 年修正案（见插文 G）之后采取了这种做法，该修正案规定在每个"适合从事水产养殖的地区"内对特许权进行分组，这些特许权共享流行病学、海洋学、运营或地理特征，因此可以参照所养殖的物种进行协调的卫生管理。此外，有了这样的分组，水产养殖户可以同意采用更严格的动物健康实践。

水产养殖规划中要解决的其他问题通常应包括：①根据有关地区的环境承载能力限制每个区域的设施数量，以实现水质目标；②为各个设施设定养殖密度限制（以每平方米生物量计），以实现水质目标；③减轻或防止水产养殖设施对环境造成不利影响的措施。

### 49. 与其他区域管理措施的联系

确保水产养殖空间发展规划考虑到其他规划措施也很重要，特别是在基于区域的渔业管理方面。为此，智利的水产养殖立法要求水产养殖管理部门在确定适合水产养殖的每个区域的边界时，考虑"手工采捕渔业活动及其社区、港口和海湾的进出通道、国家船队和海军演习的锚定区域、港口开发区域、旅游利益和保护区方面的情况"[①]。

### 50. 许可证

如上所述，许可证是水产养殖立法中使用的主要监管工具。特别是在以更大规模商业基础进行水产养殖的国家，立法通常要求所有水产养殖都必须以许可证为基础。在这种情况下，爱尔兰水产养殖法第6条明确规定，未经许可从事水产养殖是违法行为：

> 6.（1）任何人在任何地点或任何水域从事水产养殖，除非依据并按照水产养殖许可证、试验许可证、牡蛎养殖场许可证或牡蛎捕捞命令进行，否则属于犯罪。
>
> （2）如果某人被判犯有第（1）款规定的罪行，且在定罪后继续犯罪，那么此人在每个构成该罪行的行为，或在罪行持续存在的日子里，将被视为罪加一等。对于每项此类的进一步犯罪，经简易程序定罪，此人可被处以不超过300欧元的罚款，或经公诉定罪，此人可被处以不超过2 000欧元的罚款。

同样，挪威水产养殖法第4条规定：

#### 第4条　水产养殖许可证要求

> 农业部可根据第6条和第7条签发从事水产养殖活动的许可证（水产养殖许可证）。此类许可证也可根据第19条通过转让方式获得。
>
> 未在水产养殖登记册上登记为水产养殖许可证持有人，任何人不得从事水产养殖活动，参见第18节第1段。

在大韩民国，以水产养殖立法为基础，水产养殖作为一种商业活动获得许可，虽然大多数国家规定了单一类型的"水产养殖许可证"，但大韩民国的水产养殖立法规定，根据要进行的水产养殖类型颁发不同的许可证：

#### 第10条　水产养殖经营许可证

> （1）有意经营以下范围的水产养殖业务的个人，应向市/郡/区（在首尔特别行政市汉江辖区内，指负责汉江管理的机构；以下均适用）领导申请许可证；有意经营近海水产养殖业务的人，应从市长/道知事处获得许可证。
>
> （a）海藻养殖业务：将海区划分为若干部分，在海底或水下某段

---

① 第67条。

水域安装的水产养殖设施中养殖海藻的业务；

（b）贝类养殖业务：将海区划分为若干部分，在海底或水下某段水域安装的水产养殖设施中养殖贝类的业务；

（c）鱼类养殖业务：将海洋划分为若干部分，在海底或水下某段水域安装的水产养殖设施中养殖贝类以外的水生动物的业务；

（d）兼营水产养殖业务：依据养殖场的特性等，养殖第 1 类至第 3 类的 2 种以上水产品的水产养殖业务；

（e）合作水产养殖业务：居住在某一地区的水产养殖业者按照总统令规定的一定深度将水垂直划分为区域后，以第 1 类至第 4 类所述的方式相互合作进行水产养殖的水产养殖业务；

（f）近海水产养殖业务：将外海划分成若干部分后，在某一部分的水下或海面上安装必要的水产养殖设施，或者以其他方式养殖水生动植物的业务；

（g）内陆水产养殖业务：根据《内陆水域渔业法案》第 2 条第 2 项之规定，将公共水域划分成若干部分后，通过在某一段水域的水中或水底安装必要设施，以养殖水生动植物的业务。

据推测，这种方法可以更容易地根据正在进行的水产养殖的类型附加一套标准条件。

在一些国家，根据设施地理位置的不同，水产养殖许可证发放可能由不同的机构负责。上述已经提到过葡萄牙的情况。在联邦法域，不同的立法可能适用于近海水产养殖，并且此类许可证也可能根据不同的立法颁发。例如，在美利坚合众国，根据联邦立法①，近海水产养殖的许可范围为距离海岸基线 3 海里以外。

然而，如上所述，在一些国家，小规模水产养殖不需要水产养殖许可证，原因有很多，包括为大量小型设施发放许可证的成本和可操作性。但是，从非常现实的意义上讲，不使用许可证对该行业来说是一个重大的监管挑战。水生动物疾病可以通过小型水产养殖设施传播，这与大型水产养殖设施的传播一样容易。同时，许可证制度的一个关键好处是，它提供了一个可以限制特定地区的水产养殖设施数量（并在每个设施内设定密度限制）的机会，以尊重环境的承载能力。下文第 61 节将更详细地讨论如何通过使用许可证以外的方式监管水产养殖设施的问题。然而，尽管许可证制度本身并不能保证可持续管理，但如果不需要许可证，这意味着水产养殖管理部门应严格审查该行业的增长，以

---

① 《马格努森-史蒂文斯法案》，其法律条文涵盖于《美国法典》第 16 编第 1801 至 1891 条。

防止出现超过环境承受能力的不可持续发展。

### 51. 实验或试验性水产养殖

在一些法域，水产养殖立法通常规定发放短期实验或试验性水产养殖许可证，以授权：①使用新技术的实验性水产养殖；②测试在新的地点养殖水生动物或植物的可行性。这种许可证通常是在稍微缩短评估程序的基础上颁发的。

例如，西班牙海洋水产养殖法第 19 条规定：

**第 19 条**

为了激发海洋水产养殖的积极性，可以临时授权，对新的海水养殖进行实验或改进现有的海洋养殖。如果主管渔业机构认为实验结果符合要求，则该地点进行此类实验的人将优先获得特许权和授权。

同样，爱尔兰水产养殖法第 9 条规定，部长可以颁发"试行许可证"：

（1）（a）在许可证规定的地点或水域进行此类作业，以调查该地点或水域是否适合水产养殖，或是否适合构成水产养殖作业一部分的任何活动；

（b）进行此类其他试验或实验（包括新物种的培养或养殖试验），在此期间——

（ⅰ）就鲑鱼而言，不超过 1 年，（ⅱ）在所有其他情况下，不超过 3 年，并遵守部长认为合适并在许可证中规定的条件，这些条件可能包括或涉及第 7 条第（3）款规定的所有或任何事项。

（2）在不限制第（1）款的一般性的原则下，试行许可证可通过地图或其他方式，规定持证人持证地点或水域的边界或限制。

（3）试行许可证不能续期。

（4）如果部长认为试行许可证违反或未能遵守许可证的条款或授予试行许可证的条件，则可撤销试行许可证。

可以看出，试行许可证发放的时间相对较短，无法续期。如果试验成功，必须以常规方式获得正式许可证，才能进行商业生产。

### 52. 参考其他批准条件

除了水产养殖许可证之外，水产养殖还需要其他审批的情况下，在水产养殖立法中交叉引用这些审批条件通常是有用的。例如，挪威水产养殖法第 6 条明确提及颁发不同许可证的立法：

**第 6 条　水产养殖许可证分配的一般条件**

在以下情况下，该部委可通过申请授予水产养殖许可证：

（a）它对环境负责；

（b）已满足第 15 节中关于土地利用规划和保护措施的要求；

（c）已根据第 16 条对土地使用权益进行了权衡；

（d）已授予根据以下法案要求的任何许可证：

· 2003 年 12 月 19 日关于食品生产、食品安全等的第 124 号法案；

· 1981 年 3 月 13 日关于污染防护和废物处理的第 6 号法案；

· 1984 年 6 月 8 日关于港口、航道等的第 51 号法案；

· 2000 年 11 月 24 日关于水道和地下水的第 82 号法案。

该部委可通过条例规定与水产养殖许可证分配有关的详细要求，包括申请要求和批准申请的标准。

西班牙海洋水产养殖立法的做法略有不同。它没有提及具体的立法项目，而是提及可能需要征得其同意的不同机构：

**第 10 条**

在尚未宣布对海洋生物有利害关系的公共领域货物的特许权和授权文件中，将公布国防、航行安全、旅游、港口和成本等方面的公共信息和主管机构以及受影响的市镇的报告。当涉及与港口、通航通道、国防利益区域、旅游中心或地区，以及 1969 年 4 月 26 日第 28/1969 号法律第 11.6 条规定的海岸相关的文件时，相应机构的报告将具有约束力。

相比之下，葡萄牙的水产养殖立法既涉及相关法令，也涉及相关机构：

**第 6 条  协商**

（1）除主管协调机构外，下列公共实体还应根据以下任务发表具有约束力的公开意见：

（a）根据 2005 年 12 月 29 日修订和重新发布的第 58/2005 号法令，以及 2007 年 5 月 31 日修订的第 226 - A/2007 号法令、2007 年 12 月 21 日第 391 - A/2007 号法令、2008 年 6 月 4 日第 9/2008 号法令、2009 年 5 月 15 日第 107/2009 号法令、2009 年 9 月 22 日第 245/2009 号法令、2010 年 7 月 2 日第 82/2010 号法令、2012 年 8 月 29 日第 44/2012 号法令和 2012 年 3 月 12 日第 56/2012 号法令，无论是关于位于海洋水域还是内陆水域的设施的任何程序，由葡萄牙环境署知识产权局（APA，IP）审批。

（b）如果设施位于相应的法域，根据 2007 年 5 月 31 日修订的第 226 - A/2007 号法令、2007 年 12 月 21 日第 391 - A/2007 号法令、2008 年 6 月 4 日第 9/2008 号法令、2009 年 5 月 15 日第 107/2009 号法令、2009 年 9 月 22 日第 245/2009 号法令、2010 年 7 月 2 日第 82/

2010 号法令和 2012 年 8 月 29 日第 44/2012 号法令，以及 2005 年 12 月 29 日修订和重新发布的第 58/2005 号法令，2012 年 6 月 22 日修订的第 130/2012 号法令和 2014 年 2 月 3 日第 16/2014 号法令，由相关的港口管理机构审批。

（c）若设施位于海洋水域，根据 2012 年 3 月 20 日第 68/2012 号法令、2015 年 10 月 14 日修改第 236/2015 号法令，由葡萄牙海洋和大气研究所（IP）进行审批；

（d）若设施位于其法域内或与航行安全或海事标志相关的区域，根据 2002 年 3 月 2 日第 44/2002 号法令、2012 年 10 月 31 日第 235/2012 号法令和 2014 年 8 月 7 日第 121/2014 号法令，由国家海事管理局进行审批；

（e）根据 2004 年 4 月 29 日欧洲议会和理事会（EC）第 852/2004 号和 853/2004 号条例、2009 年 10 月 21 日欧洲议会和理事会（EC）第 1069/2009 号条例、2011 年 2 月 25 日欧盟委员会（EU）第 142/2011 号条例和 2006 年 12 月 21 日第 1421/2006 号条例，不论设施位于海洋水域还是内陆水域，任何程序均由食品与兽医总局（DGAV）进行审批；

（f）若设施位于被归类区域，根据 2008 年 7 月 24 日第 142/2008 号法令（现行版本），或 1989 年 9 月 12 日第 316/89 号法令、1999 年 4 月 24 日第 140/99 号法令和 1999 年 12 月 21 日第 565/99 号法令（均为现行版本）所涵盖的物种，由渔业和保护自然资源研究所（ICNF）进行审批；

（g）其他应当对行政许可事项涉及的行政区域内的行政标志或者其他现存状况作出裁决的机构。

## 53. 政务简化、"一站式服务"和"单一窗口"程序

鉴于建立水产养殖设施通常需要大量的来自不同部门的批准，水产养殖立法越来越关注通过"一站式服务"或"单一窗口"的方式来精简和优化授权程序，从而减轻投资者的行政负担。例如，挪威水产养殖法第 8 条明确规定了有关当局处理水产养殖许可证申请的效率和协调的职责：

### 第 8 条　水产养殖相关事宜的协调

根据本法案第 6 条第 1 款第（d）项所列行为，以及作为规划和建设主管部门的市政当局，有义务对申请进行有效和协调的处理。

该部委可通过条例规定有关协调申请处理的详细程序，包括规定处理申请的时限。

在实践中，这一法律义务是通过所谓的"特伦德拉格（Trøndelag）模式"实现的，在该模式中，管理日常事务的权力已从县长（《污染控制法案》）、挪威食品安全局（《食品安全法案》）和挪威国家海岸管理局（《海港法案》）下放给渔业局特伦德拉格区域办事处（挪威渔业和海岸事务部，2005）。其结果是申请人向水产养殖管理部门提出单一申请（图4-3）。

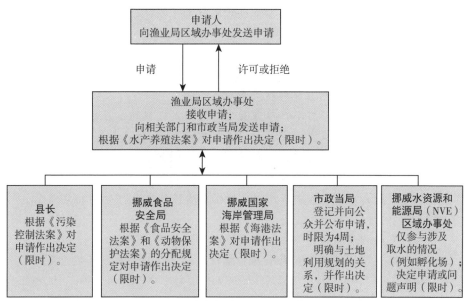

图 4-3　挪威水产养殖法规定的许可程序

葡萄牙的水产养殖立法采取了略有不同的做法。根据《水产养殖法》第3条规定的"单一窗口"方法，指定一名个人经理作为申请人的单一联络人，并跟进申请程序。经理的职责包括与申请人沟通和总体管理申请事务，包括确保遵守所有截止日期。例如，根据第6条（如第54节所述）需要咨询的实体有15天的时间回复经理。

### 54. 许可证申请的确定

除了要求获得其他相关批准外，在实质性层面，水产养殖立法通常还规定了在确定许可证申请时需要考虑的一些因素。一个关键因素是公众咨询。如果不需要土地使用开发许可，那么这可能是就新的水产养殖开发进行公众咨询的唯一机制（如上文第27节所述）。

粮农组织《负责任渔业技术指南第5号：水产养殖发展》补充文件7水产养殖治理和产业发展》（粮农组织，2017）指出，"关于许可证申请的公告应是有计划的、可预测的，并为公众提供反对的机会"。

除了公众咨询的要求外，水产养殖立法通常还规定了决策者在决定是否颁发水产养殖许可证时需要考虑的一系列问题。例如，汤加水产养殖立法第 15 条为决策者（本例中为部长）提供了审批许可证申请的相对详细的指导：

### 第 15 条　颁布或拒绝

（1）部长应在提交申请后 3 个月内或根据第 13 条第（6）款提交额外信息的最后一天起 1 个月内（以较晚的日期为准），决定是否批准或拒绝水产养殖开发许可证或其他授权的申请。

（2）在决定水产养殖开发许可证或其他授权的申请时，部长应考虑——

（a）申请许可证或授权的场地是否位于水产养殖区；

（b）水产养殖对整体环境的影响；

（c）对于即将颁发水产养殖开发许可证或授权的水产养殖区附近的社区（如有）以及这些社区的渔业实践产生的影响；

（d）拟议水产养殖开发对该地区鱼类物种的影响；

（e）任何相关的渔业或水产养殖管理和开发规划；

（f）本法案第 8 节中提及的负责水产养殖区或其部分的指定社区（如有）的建议；

（g）任何其他适当事项。

（3）在下列情况下，部长应拒绝根据本法案颁发水产养殖开发许可证或授权：

（a）根据与土地有关的法律或本法案，申请人提议从事水产养殖或相关活动的地点不可用，或者考虑到其他法律、当地环境、一般区域的特点，以及该区域正在进行的其他活动，不适合用于水产养殖目的；

（b）申请未按照本法案提出，或者申请中提供的任何信息或作出的任何陈述存在重大虚假；

（c）申请人是根据第 25 条第（1）款第（a）项被取消持有水产养殖开发许可证或其他授权资格的个人；

（d）申请人是一家根据第 25 条第（1）款第（b）项被取消持有水产养殖开发许可证资格的公司，或者该公司的任何董事或经理是一名根据第 25 条第（1）款第（c）项被取消持有水产养殖开发许可证或其他授权资格的个人；

（e）根据本法案颁发水产养殖开发许可证或其他授权与相关水产养殖管理和发展规划不一致；

（f）水产养殖许可证的颁发不符合根据 2002 年《渔业管理法案》制定的渔业规划。

## 55. 费用

水产养殖立法通常规定，水产养殖管理部门有权征收：①申请新许可证时应缴纳的申请费；②如许可证已发出，则应在许可证有效期内支付年费。例如，挪威的水产养殖法规定：

**第 26 条　费用**

该部委可根据本法案的规定处理申请和执行监督工作的相关费用。

任何拖欠的费用可以通过执行程序追回。

除了要求支付申请费外，南澳大利亚州的水产养殖立法还明确规定了许可证持有人支付年费以及简易回收机制：

**第 53 条　年费**

（1）水产养殖许可证持有人必须在每个财政年度不迟于部长书面通知持有人指定的日期，按法规规定的金额向部长支付费用。

（2）如果水产养殖许可证持有人未能按照本节规定支付费用，部长可通过书面通知要求持有人弥补违约，此外，还应按法规规定的金额向部长支付违约罚款。

## 56. 许可证有效期

水产养殖许可证的有效期是一个重要问题。许可证应授予足够长的期限，以便能够摊销投资并鼓励长期生产规划（粮农组织，2017）。同时，考虑到需要与规划和环境要求保持一致，除非打算将许可证转化为一种产权形式，否则时效不应过长。为此，值得注意的是，大韩民国、澳大利亚和汤加的水产养殖法都规定了 10 年的初始许可期。这似乎是一个合理的期限，符合一般许可制度。

挪威的做法有些不同，大多数商业物种的水产养殖许可证是永久发放的，并成为财产性资产。因此，它们可以被抵押、买卖。鲑鱼养殖许可证的拍卖为挪威政府赚取了数百万欧元的一次性付款。由于许可证的稀缺性和水产养殖行业目前的盈利能力，许可证的商业价值目前处于历史最高水平（Moylan 等，2017）。

## 57. 续期和转让

水产养殖立法通常规定，只要持有人遵守所有许可证条件，水产养殖许可证的有效期可以延长。例如，南澳大利亚州水产养殖立法第 50A 条规定：

（2）水产养殖许可证的续期申请——

（a）必须按照部长确定的方式和形式向部长提出；

（b）必须缴付条例所规定金额的费用。

（3）水产养殖许可证续期申请人必须向部长提供部长要求的与申请决定有关的任何信息，如果部长要求，则通过法定声明进行核实。

（4）本节的效力取决于部长在暂停或取消水产养殖许可证方面的权力。

换言之，部长可以要求提供合规证据。

水产养殖是一项商业活动，企业一直在进行买卖交易。因此，水产养殖立法通常规定，经部长或水产养殖管理部门批准，水产养殖许可证可转让给具有资质的第三方。应明确规定不予批准的标准（粮农组织，2017）。例如，挪威水产养殖法第19条规定：

### 第 19 条　水产养殖许可证的转让

水产养殖许可证可以转让。

水产养殖许可证的转让对当局根据本法案采取措施没有任何意义。

不允许出租水产养殖许可证。在特殊情况下，该部委可豁免租赁禁令。

该部委可通过条例规定与水产养殖许可证转让有关的详细程序。

## 58. 许可证条件和要求

为了管理的切实有效，水产养殖许可证既应符合水产养殖法本身或根据该法通过的法规中规定的一般条件，也应符合针对相关水产养殖设施具体特征的特殊条件。一个基本条件是，根据克罗地亚水产养殖法第9条第（5）款的规定，许可证持有人只能养殖许可证中规定的物种类型。

南澳大利亚州水产养殖立法第52条举例说明了在水产养殖许可证中包含条件方面赋予部长的广泛权力：

52（1）在授予水产养殖许可证时，部长可根据本法案的规定，或根据部长认为对本法案而言必要或有利的条件，规定许可证条件。

（2）在不限制第（1）款的情况下，许可条件可以——

（a）限制许可证授权的活动；

（b）禁止或限制根据许可证养殖的水生生物的销售或供应，例如，如果水产养殖是为了研究或涉及旅游业的业务而进行的；

（c）监管与活动相关的养殖结构的储存、维护、修理或清洁；

（d）在相应许可的情况下，通过可航行船只将含有种群资源的养殖结构拖至或拖离相应许可区域，以及在种群资源迁移过程中投喂种群或采取与种群有关的其他行动进行监管。

爱尔兰水产养殖法第7条第（3）款提供了更多细节，其中规定：

（3）在不限制第（1）款的一般性的情况下，水产养殖许可证可能受到约束的条件也许包括或涉及以下任何或所有内容：

（a）通过地图或其他方式说明与授予许可证有关的地方或水域的边界或界线；

（b）饲料投入量；

（c）现场种群投入、产出和现场常备种群的年度或季节限制；

（d）操作实践，包括场地休养；

（e）疾病发病率和存在寄生虫的报告；

（f）死鱼的处置；

（g）防止鱼类逃逸的措施，以及报告逃逸情况的安排；

（h）监督和检查根据许可证进行的水产养殖；

（i）许可证持有记录；

（j）保护环境（包括具有遗产价值的人造环境）和控制排放；

（k）适当的环境、水质和生物监测。

另一个常见的许可证条件要求迅速实施许可证授权的活动。例如，葡萄牙水产养殖法第26条要求水产养殖设施的建设必须在颁发水产养殖许可证后12个月内开始，并在2年内完成，但在特殊情况下，由于客观原因，这一期限可以延长1年。此外，该设施的开发必须在建设完成后1年内开始。

其他具体的许可条件将在本书的后续内容中讨论。有两个特别重要的条件是：许可证持有人必须遵守与水产养殖设施有关的其他批准或授权；许可证持有人必须提交与水产养殖设施运营相关的定期申报表。例如，克罗地亚水产养殖法第24条要求水产养殖许可证持有人"在参考自然年度结束后的3个月内，以规定的表格向该部委提交准确的水产养殖统计数据"。

### 59. 许可证的修改或撤销

重要的是，水产养殖立法规定，一旦颁发水产养殖许可证，可以基于明确规定的理由对其进行修改，甚至撤销（取消）。例如，汤加的水产养殖法规定，此类许可证可能会因为动物健康和环境原因以及不可预见的情况而发生变化：

#### 第18条　许可证的变更

（1）如果部长认为为了以下目的，变更水产养殖开发许可证或其他授权的条件是可取的，部长可向水产养殖开发许可证或其他授权的

85

持有人发出书面通知，更改水产养殖开发许可证或其他授权书的条件：

（a）降低鱼类疾病传播的风险；

（b）防止或减少对环境造成损害的风险；

（c）处理在颁发许可证时未预见的任何情况，以确保安全和负责任的水产养殖实践。

（2）水产养殖开发许可证或其他被授权的持有人，可以在收到根据第（1）款发出的通知后30天内，就变更向部长提出上诉。

（3）本法案规定的水产养殖开发许可证或授权书的持有人应以书面通知部长，告知水产养殖场所的任何重大变更，包括该许可证或授权书可能包含的信息的任何变更。

（4）收到此类通知后，部长可要求水产养殖开发许可证或授权书的持有人提供部长认为合理的与变更有关的任何必要的其他信息。

关于撤销水产养殖许可证，爱尔兰水产养殖立法第68条第（1）款规定：

68 （1）根据第（5）款的规定，部长可自行决定，撤销水产养殖许可证，且不向被许可人提供补偿金，如果部长——

（a）确信存在违反许可证中规定的任何条件的情况，

（b）确信许可证所涉及的水产养殖运营没有得到妥善维护，

（c）认为这样做符合公众利益。

为了防止滥用职权或行政不公，要确保为修改或撤销水产养殖许可证事宜制定正式程序。爱尔兰水产养殖立法第68条第（3）款规定了一个相对详细的程序：

（3）以下规定适用于水产养殖许可证的撤销或修改：

（a）除非部长已通过邮寄方式向被许可人发出不少于28天的书面通知，说明部长正在考虑撤销或修改（视情况而定）许可证，否则部长不得撤销或修改许可证；

（b）通知还应说明：

（ⅰ）如果通知中说明部长正在考虑对许可证进行修改，则应说明正在考虑的具体修改内容以及考虑修改的原因，

（ⅱ）当声明部长考虑撤销许可证时，应说明考虑撤销许可证的理由；

（c）部长应考虑在通知期满之前让被许可人就拟议的撤销或修改事宜向部长提出的任何陈述。

（4）申请条例可规定部长认为必要或适宜的与撤销或修改许可证有关的程序事项。

（5）根据第（1）款（c）或第（2）款，部长撤销或修改水产养殖许可证，被许可人有权获得部长对其因撤销或修改而遭受的任何损失的赔偿，如未达成协议，补偿金额应根据1919年《土地征用（补偿评估）法案》确定。

（6）部长根据本节规定支付的任何费用，应在财政部长批准的范围内，从爱尔兰议会提供的资金中支付。

## 60. 许可证登记册

如上所述，信息对于水产养殖行业的有效管理至关重要。为此，水产养殖立法规定建立和保持水产养殖许可证的正式记录非常重要。这里可以是纸质登记册，或者越来越多的情况下，也可以是克罗地亚水产养殖立法第10条第（7）款要求的电子形式。电子许可证登记册意味着可以通过水产养殖管理机构的网站获取访问权限，克罗地亚就是这样[①]。同样，葡萄牙水产养殖法第31条第（2）款明确规定，登记册应保存在水产养殖管理机构的网站上。

澳大利亚南澳大利亚州水产养殖立法第80条载有关于必须保存的许可证登记册内容的详细规定，要求许可证登记册中还必须载有水产养殖许可证申请的详细信息。此外，登记册必须包含每个设施的环境影响信息：

（1）部长必须保存一份公共登记册。

（2）登记册必须包含——

（a）就水产养殖租约、试点租约转换为生产租约或水产养殖许可证的每次申请而言——

（ⅰ）申请人的名称；

（ⅱ）对所寻求的租约或许可证类别的描述；

（ⅲ）如属租约，则对该租约范围或拟议租约范围的描述；

（ⅳ）如果是授权水产养殖的许可证，则说明——

（A）拟议许可区域；

（B）拟养殖的水生生物种类；

（C）拟采用的养殖制度；

（3）根据本法案签发的每份水产养殖租约和水产养殖许可证的条款和条件；以及承租人和被许可人的名称；

---

① https：//ribarstvo. mps. hr/default. aspx？ id＝415

（4）租约或许可证区域的准确描述；

（5）根据法规或许可证条件向部长提供的每份环境监测报告的摘要；

同样重要的是，要确保公众能够查阅这些登记册。加拿大魁北克的水产养殖法简单地规定：

登记册中包含的信息是公共信息。

如果许可证登记无法通过互联网访问，则有必要指定访问方式。爱尔兰的水产养殖立法在第78条第（2）款中规定，"许可证登记册应保存在部长办公室，并应在正常办公时间内免费供任何人查阅"。必须应要求提供许可证登记册中的条目副本，并且"此人向部长支付的此类费用（如有）不得超过制作副本的合理成本"。相关章节还描述了如何在法律程序中提供登记册的证据，并指出"部长可以以非可读形式保存许可证登记册，但登记册可用于制作登记册中任何条目的可读副本或复制品（在本节中称为"副本记录"）"。

## 61. 许可证的替代方案

如上所述，在许多国家，对所有水产养殖设施，特别是对小规模水产养殖设施发放许可证可能并不可行。如果水产养殖设施没有普遍要求获得水产养殖许可证，那么就需要一种替代机制来监管该行业。

最常见的方法是要求每个养殖设施或养殖户进行登记。然后，根据所从事的水产养殖类型，可以通过使用附属立法来施加共同的约束条件，并且这种小规模水产养殖也将受到水产养殖法律框架其他要素所包含的规则的约束。但同样重要的是，登记提供了有关所从事水产养殖规模和范围的数据来源。

例如，印度尼西亚水产养殖立法《关于渔业的第31/2004号法律》[①] 第61条第（5）款要求所有"小型鱼类养殖者"，即从事小规模水产养殖的人，"向当地渔业机构登记自身、业务和活动情况"。

另一种方法是在群体层面监管小规模水产养殖，例如，要求强制加入当地水产养殖协会，然后才能获得许可。在现实中，合作社在该行业相当活跃，而且合作社的强制会员资格在一定程度上与基于自愿会员资格的组织形式的理念相对立。印度尼西亚采取的一种变通办法是，完全通过合作社提供技术支持和援助来鼓励会员加入合作社。然而，水产养殖合作社必须持有水产养殖许可证。通过这种方式，小规模水产养殖被纳入许可证制度。

韩国水产养殖立法第11条采取了另一种做法，其中对"团体许可"作出

---

① 关于渔业的第31/2004号法律。

了较为详细的规定：

### 第 11 条　渔村邻里协会许可证的例外情况

（1）如果申请许可的水域符合以下任意情况，市/郡/区的负责人只能——根据《渔业合作社法案》第 15 条向渔村邻里协会（以下简称"渔村邻里协会"）、根据《促进和支持农业和渔业商业实体法案》第 16 条向渔业合伙企业（以下简称"渔业合作企业"）或根据《渔业合作社法案》第 13 条向地区渔业合作社（以下简称为"地区渔业合作社"）颁发许可证，该合作社靠近水域，在水中进行海藻养殖业务和鱼类养殖业务以及在海底进行贝类养殖业务：

（a）根据《渔业法案》第 8 条（1）款第 6 项，水域位于社区渔业的渔场内；

（b）涨潮时距离海岸 500 米（西海岸为 1 000 米）范围内，根据《渔业法案》第 88 条在相关特别自治省、市、郡、区设立的渔业调解委员会认为有必要进行渔业协调。

（2）市、郡、区的负责人应仅向居住在某个地区的水产养殖经营者出于共同利益而寻求合作水产养殖业务许可证的水域附近的渔村邻里协会、渔业合伙企业或地区渔业合作社颁发许可证。

（3）在以下任何情况下，许可机构可优先向渔村邻里协会、渔业合伙企业、地区渔业合作社、按业务类别划分的渔业合作社（根据《渔业合作社法案》第 104 条）、渔业公司（根据《促进和支持农业和渔业经营实体法案》第 19 条）（以下简称"渔业公司"）或内陆渔业协会（根据《内陆水域渔业法案》第 15 条）授予许可证：

（a）为水产养殖经营者的共同利益而认为必要的；

（b）为开发和使用某一区域的养鱼场而认为必要的；

（c）总统令规定的其他情况。

在一些国家，小规模农场主通过外包养殖方案与大规模农场主合作，有时由大规模农场主提供投入。在这种情况下，为防止监管漏洞的产生，最好在大规模农场主的许可证中解决这个问题。

### 62. 注册要求

如果要求某人登记其水产养殖业务，重要的是确保有明确的法律或行政机制来加以保障：①相关登记册定期更新；②在地方政府一级进行登记的情况下，有一个有效的机制来确保水产养殖管理部门和地方政府之间的合作；③登记册中包含的或所必需的信息流向水产养殖管理部门一级的一个或多个中心和可访问点。

### 63. 编号

为了进行检查和数据管理，确保每个水产养殖设施或养殖户分配一个唯一的编号非常重要。这通常是每个养殖户的许可证号或注册号。

水产养殖立法通常还规定在水产养殖设施上显示相关编号。例如，新不伦瑞克省水产养殖法第 19 条规定：

**水产养殖许可证编号显示**

19. 注册官可要求持证人按照条例规定，在持证人水产养殖许可证第 18 条第（1）款规定的地点，随时展示持证人的水产养殖许可证编号。

就海水网箱而言，南澳大利亚州水产养殖条例不允许有任何自由裁量权：所有海水网箱都必须标记。第 25 条明确规定：

**第 25 条　养殖结构**

（a）每个海水网箱必须标有许可证编号，或持证人已获得部长书面批准的唯一标识符，其文本应符合以下条件——

（ⅰ）高度至少为 70 毫米；

（ⅱ）在水线之上清晰可见。

### 64. 清理和恢复

同样重要的是，在相关水产养殖许可证到期时，立法规定水产养殖设施的清理和恢复，或者支付保证金或担保以确保清理和恢复。例如，挪威水产养殖法第 13 条规定：

**第 13 条　恢复和回收义务**

从事水产养殖活动的任何人在全部或部分停止生产时，应恢复场地和邻近区域，包括清除生物、设施、设备等。

大韩民国水产养殖法第 56 条载有更详细的规定，其中规定：

**第 56 条　拆除养殖设施**

（1）当水产养殖经营权或许可到期或养殖期结束时，水产养殖业务权利持有人或获许可的水产养殖企业应在海洋与渔业部条例规定的期限内移除在养鱼场、水域中安装的设施（本条中称为"水产养殖设施"）或水产养殖产品。但是，如果无法拆除水产养殖设施或水产养殖产品，或者认为不需要拆除，市长或郡守可以应负责拆除水产养殖设施或移除水产养殖产品者的要求，在近海水产养殖业务中免除其责任，在所有其他情况下，市、郡、区的负责人应具有相同的权力。

（2）根据第（1）款的规定，如果某人被免除移除水产养殖设施或水产养殖产品的责任，则应视为其已放弃对水产养殖设施或水产养殖产品的所有权。

（3）根据第（1）款有义务移除水产养殖设施或水产养殖产品者，如果在其义务期限届满后仍未移除水产养殖设施或水产养殖产品，行政办公室可以按照《行政代理执行法案》的规定移除水产养殖设施或水产养殖产品。

（4）第（1）至（3）款应比照适用于未获得许可证或授权者安装的水产养殖设施或其养殖的水产品。

根据南澳大利亚州水产养殖法通过的条例，部长有权要求提供财务或其他担保，以确保水产养殖许可证得到令人满意的执行，包括在许可证到期时移除设施和水生动植物：

4.2（1）部长可以要求提供财政或其他担保，并以部长要求的金额和形式进行担保。部长认为这些担保涵盖了拟议持证人或持证人的运营。

（2）拟议持证人或持证人的业务包括在取消水产养殖许可证或水产养殖许可证未续期的情况下，移除水产养殖设施和水生动植物，并恢复场地。

相比之下，葡萄牙水产养殖法第 22 条规定，在水产养殖许可证签发或转让时，需要提供保证金，以确保许可证到期时，场地处于良好的环境状态，"工程和构筑物"被拆除。这种保证金可以通过银行存款、银行担保、财务担保或等效的金融工具提供。

## 65. 上诉

最后，良好的行政实践要求提供关于水产养殖许可证决定的上诉程序，包括拒绝许可证申请、修改或撤销许可证的决定。在某些法域，上诉提交给负责该部门的部长。在其他地方，提供了更详细的程序。例如，爱尔兰有关水产养殖许可证的上诉由根据水产养殖立法成立的独立的 7 人水产养殖许可证上诉委员会负责。

爱尔兰水产养殖许可证上诉委员会的成员来自各个领域，包括水产养殖、捕捞渔业、规划和开发、环境和设施保护、经济发展和社区发展。该委员会的职能是提供一个独立机构，负责裁决针对部长关于水产养殖许可申请的决定的上诉。该委员会还可以决定通过发放自己的许可证，并附加或改变条款或条件，更改部长授予的许可决定的条款或条件。除了描述其职能外，水产养殖法还规定了委员会的成员组成，主席和委员的任期、报酬，主席确保委员会高效履行职能的责任，副主席，委员会的会议和程序，委员会的法定人数，职位空缺，不披露保密信息，禁止与上诉有关的通信，委员会秘书，利益宣告和披露，员工和顾问，支付，账目，审计，年度报告以及如何处理上诉的详细规定。

## 4.5 生产投入

与任何其他农业活动一样，水产养殖需要投入品，包括要养殖的水生动植物，以及用于处理水生动植物或保护水产养殖设施的饲料、药品和化学品或杀虫剂。

水产养殖投入品的数量和性质因养殖物种的类型和使用的水产养殖技术而异。例如，水生植物和软体动物通常不需要饲料，因为它们从水中获取营养。另一方面，涉及鳍鱼等其他物种的水产养殖在饲料和药物方面与陆地动物的投入品会更为相似。当然，这些投入品可能会对养殖的水生动植物（以及水产养殖产品的质量）产生影响，但同样，在大多数类型的水产养殖活动中，它们可能会对更广泛的环境产生影响，包括养殖物种的野生种群（图4-4）。

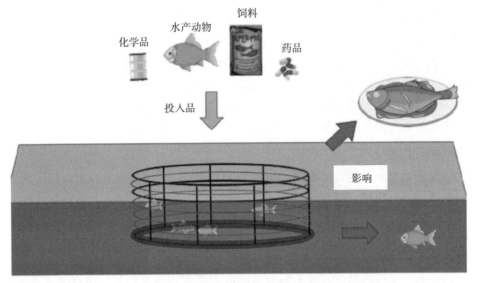

图4-4 水产养殖投入品对环境和水产养殖产品的潜在影响

因此，重要的是从水生动植物的健康、环境以及用于食品的水产养殖产品的人类健康方面考虑，对水产养殖设施的投入品进行监管。投入品可以在国家层面获得，在这种情况下，可以对其生产、收获或收集方式进行监管。但正如已经看到的那样，水产养殖行业的一个重要特征是水产养殖投入品和产品在很大程度上是国际贸易的对象。

## a）水生动物

由于水产养殖中使用的水生动物是水产养殖业者的私有财产，水产养殖业者自然有兴趣确保只使用品质优良、生长迅速的物种，这些物种在收获时会带来利润。同时，水生动物疾病是制约可持续水产养殖扩大和发展的最严重制约因素之一。在全球范围内，水产养殖的一个趋势是，一种以前未报告的病原体会导致一种新的未知疾病的出现，迅速传播，包括跨越国界传播，并大约每3到5年会造成重大生产损失（粮农组织渔业委员会，2019）。

因此，对作为投入物的水生动物进行监管的公共意义有三个方面。首先，在降低养殖种群疾病风险方面，这仍然是该行业经济可持续性的重要制约因素。其次，从公共卫生角度来说，要确保水产养殖食品的安全。最后，防止对野生种群产生负面影响，不仅包括疾病风险，还包括引入有害或入侵的非本地物种，包括遗传改良种群。为此，《行为守则》第9.3.1条规定：

> 各国应通过适当管理，保护遗传多样性，维护水生生物群落和生态系统的完整性。特别是应努力最大限度地减少将非本地物种或用于水产养殖（包括基于养殖的渔业）的遗传改良种群引入水域所产生的有害影响，尤其是在这种非本地物种或经遗传改良的种群极有可能扩散到其他国家管辖的水域以及原产国管辖的水域的情况下。各国应尽可能促进采取措施，尽量减少逃逸养殖鱼类对野生种群的遗传、疾病和其他不利影响。

### 66. 关于进口用于水产养殖的水生动物物种的立法

包括卵在内的活体水生动物的国际贸易推动了水产养殖业的持续增长，而国家发展往往需要进口非本地物种和新型生产系统。然而，水生动物的国际贸易，导致了一些引人注目的疾病暴发，例如通过从墨西哥进口的南美白对虾（*Penaeus vannamei*）繁殖种群将坏死性肝胰腺炎和桃拉综合征引入东北非，以及通过进口观赏性鲤科鱼类将锦鲤疱疹病毒病引入印度尼西亚。这清楚地表明了如果不采取适当措施，该行业将面临严重风险（Kahn 等，2012）。

因此，出现的第一个问题是，是否有适当的立法来监管用于水产养殖的活体水生动物的进口？在实践中，根据有关法域的不同，活体水生动物的进口可能受到兽医立法、特定动物疾病控制立法、一般动物卫生和生产立法、生物安全立法或渔业和水产养殖立法的管辖。这类立法在本书中统称为动物卫生立法。

### 67. 进口规则的范围

第二个问题涉及此类立法的范围。就产量而言，近年来水族馆鱼类的养殖量有了显著增长。在一些国家，甚至构成了一个重要的经济行业。虽然水族馆鱼类从本质上讲不太可能对人类食物链构成直接威胁，但进口患病鱼类对养殖和野生鱼类种群的威胁，以及入侵非本地物种对本地物种的威胁，与食用鱼的威胁相同。因此，必须确保活鱼进口立法的范围扩大到水族馆鱼类。

同时，由于动物卫生立法往往更侧重于陆生动物，而不是水生动物，因此必须确保此类立法的范围适合水生动物的特定生命周期。为此，重要的是要确保它适用于水生动物的所有生命阶段（配子、鱼苗、幼虫、遗传物质等）。

### 68. 进口许可证

其次，重要的是确保相关立法要求获得活体水生动物进口许可证。这一问题通常会在相关的动物卫生立法中得到解决，但如果没有，则有必要对该立法或水产养殖立法进行修订。使用水产养殖立法来监管进口的缺点是，通常已经根据动物卫生立法建立了与边境管制或海关当局协调的系统，这些系统可以适用于水生动物的进口。

通常，水产养殖立法在这方面的作用是交叉参考相关的动物卫生立法，如乌克兰水产养殖立法第 16 条：

#### 第 16 条　水产养殖检疫要求及兽医和卫生控制

1. 根据乌克兰《兽医法》，向乌克兰进口活鱼、受精卵和其他水生生物，用于在水产养殖条件下繁殖、饲养和培育，要将它们放入检疫渔业隔离区中，然后从检疫渔业隔离区转移到其他渔业水生生物（包括其部分）技术性水体中，并在水产养殖领域进行兽医和卫生监管。

2. 从国外进口的用于在水产养殖条件下进一步繁殖、饲养和培育的水生生物，应在法律规定的期限内保存在检疫渔业隔离区中。禁止将不同年龄、不同物种以及从不同国家和不同时间进口的水生生物置于同一检疫保存条件下。

3. 从国外进口的水生生物要根据其生物学需求、繁殖或培育的生物技术特征，对其进行检疫。

4. 检疫渔业隔离区要根据动物卫生要求，记录水生生物的饲养条件。

### 69. 进口许可证要求

根据《水生动物卫生法典》第 5 章的建议，相关立法应要求每批活体水生动物的进口都必须附有出口国主管兽医当局颁发的有效国际健康证书。这是确保进口健康的活体水生动物的唯一可行方法。

关于进口许可证的签发，如第2章所述，出于动物健康原因，主管当局可根据其独立风险评估或国际标准作出决定，禁止或限制进口。就水生动物而言，相关标准是世界动物卫生组织制定的标准，实际上是指该组织制定并保留的疾病清单。

### 70. 与遗传多样性有关的具体许可要求

关于进口活体水生动物对生物多样性造成的潜在威胁，重要的是要确保相关立法为进口以下物种制定具体的许可要求：①用于水产养殖的外来（非本地）物种的活体水生动物；②进口《濒危野生动植物种国际贸易公约》附录Ⅱ或附录Ⅲ所列物种的活体水生动物用于水产养殖；③用于水产养殖的遗传改良水生动物。

在实践中，非本地水生动物的进口往往是相关渔业法中规定的问题，特别是如果涉及重新放养。重要的是要核实这一规定的范围是否足够广泛，并适用于水产养殖。

另一个需要注意的关键点是"外来物种"的定义问题，特别是在大国尤为重要。这是因为生物多样性不分国界。一个物种可能是"本地"的，只要它可以在特定国家的国家领土内发现，但同时将这种物种引入非自然发生的生物地理区域，就可能会对当地生态造成破坏。因此，欧洲联盟的相关立法[①]区分了"外来物种"和"本地不存在的物种"，这两种物种都受到控制。

外来物种、受《濒危野生动植物种国际贸易公约》保护的物种和遗传改良物种的进口，通常将根据环境立法进行单独监管。水产养殖立法的作用通常应该是交叉参考相关法律进行立法。

### 71. 检查和边境管制

在批准进口水生动物后，立法必须规定在边境检查此类动物。在实践中，这种检查通常是海关或边境官员的"书面"检查，主要核实文件是否齐全（在证书方面）。

接下来，立法必须明确定主管机构，以便进行技术检查，并从动物健康角度明确授权进口的活体水生动物。这个机构可能是水产养殖管理部门或负责执行动物卫生立法的机构。同样重要的是，确保相关立法确定此机构有权对受《濒危野生动植物种国际贸易公约》约束或经过遗传改良活体水生动物进行实

---

① 2007年6月11日关于在水产养殖中使用外来物种和本地不存在物种的第708/2007号理事会条例（EC）（OJ L 168，2007年6月28日，第1页）。

物检查。

立法还应规定在必要和适当的情况下对进口活体水生动物进行检疫，并应赋予相关机构（可能是负责动物卫生立法的机构或水产养殖管理部门）必要的权力，以采取与动物卫生有关的其他措施，如进口水生动物的处理要求或认证。

### 72. 繁殖、采集亲本或水生动物用于水产养殖

进口显然不是水产养殖中水生动物种苗的唯一来源。虽然许多类型的水生动物在孵化场养殖，但贝类养殖通常基于野生种群。此外，即使在水产养殖设施中养殖水生动物的情况下，也可能需要不时从野生种群中补充繁殖种群，以保持其遗传健康。

原则上，水产养殖的定义应足够宽泛，以包括孵化场，尽管在某些法域，如印度尼西亚，鱼类养殖需要额外的许可证。就人工养殖而言，重要的是确保在整个过程中保持严格的卫生标准，以确保不将病卵或幼体引入水产养殖设施。为此，有必要能够控制和认证卵和幼体的生产。例如，越南水产养殖立法第 24 条规定，根据一系列问题对养殖设施进行认证，包括在养殖过程中不同阶段的种群分离，是否有"在水产养殖、水生病理学或生物学方面受过培训"的技术人员在场，质量控制和生物安全系统的应用，以及是否有对用于养殖目的的种群质量实施额外控制。

关于捕捞用于水产养殖种群或繁殖种群，就鳍鱼而言，通常根据渔业立法进行监管（因为这是一种捕捞活动）[1]。然而，对于贝类，本地种群的采集是水产养殖过程的重要组成部分，因此实际上可以根据水产养殖立法进行监管。葡萄牙水产养殖法第 16 条第（4）款规定，用于水产养殖的双壳类动物的采集以相关水产养殖许可证为基础进行监管。

### 73. 迁移

关于特定法域内活体水生动物（在生活史的各个阶段）的迁移，重要的是确保立法要求在评估是否存在疾病或疾病风险的基础上，事先授权跨地区迁移，包括为疾病预防和控制而设立的分区和隔间，下文第 120 节将进一步讨论。

### 74. 迁移记录

此外，还必须确保相关立法要求每个水产养殖许可证持有人保留以下记录：①活体水生动物进出水产养殖设施的动向；②水生动物在每次迁移中的死

---

[1] 如上文第 1 节所述，在"基于捕捞的水产养殖"中，对活体水生动物的捕捞通常也应根据渔业立法进行监管。

亡率。如果没有这种基本信息，就很难追踪动物疾病的传播。

### 75. 迁移要求

活体水生动物的迁移应从以下方面进行监管：①对活体水生动物的运输发放许可证；②规定运输过程中水生动物健康要求的标准，以防止对相关动物造成应激和伤害，这些应激和伤害也可能增加疾病风险；③要求运输者在运输过程中保存动物死亡率的记录；④控制运输过程中的水交换和此类水的最终安全处置，既确保水生动物在适当质量的水中运输，又防止在水处置时病原体的潜在逃逸；⑤在这些动物到达最终目的地时对其进行隔离检疫。

### 76. 在市场上投放活体动物

同样重要的是，确保批准将进口或非本地活体水生动物投放市场时有相关立法要求。这可以在水产养殖立法中具体解决。

### 77. 将非本地物种引入水产养殖设施

相关立法还应规范将非本地物种引入水产养殖设施，以确保不会对以下方面构成不可接受的风险：①生物多样性；②水生动物健康。在这里，在立法中区分普通水产养殖设施和封闭设施（如循环水养殖系统）可能是合适的。欧洲联盟关于引进外来物种和非本地物种的相关立法[①]将"封闭式水产养殖设施"定义为陆上设施：

（a）其中：

（ⅰ）水产养殖是在涉及水的再循环的水生培养基中进行的；

（ⅱ）在筛选、过滤或渗透、处理之前，排放物不以任何方式连接到开放水域，以防止固体废物排放到水生环境中，并防止可能存活并随后繁殖的养殖物种和非目标物种从设施中逃逸；

（b）并且：

（ⅰ）防止饲养的样本或非目标物种和其他生物材料，包括病原体，因捕食者（如鸟类）和洪水等因素而损失（如经主管当局进行适当评估后，设施必须与开放水域保持安全距离）；

（ⅱ）以合理的方式防止饲养的样本或非目标物种和其他生物材料，包括病原体，因盗窃和故意破坏而损失；

（ⅲ）确保对死亡生物体进行适当处置。

相反，"开放式水产养殖设施"被定义为"在水生培养基中进行水产养殖，

---

① 2007 年 6 月 11 日关于在水产养殖中使用外来物种和当地不存在物种（非本地物种）的第 708/2007 号理事会条例（EC）（OJ L 168，2007 年 6 月 28 日，第 1 页）。

而水生培养基之间与野生水生培养基之间没有设置屏障，以防止饲养的样本或可能存活并随后繁殖的生物材料逃逸"。

### b）水生植物

虽然水生动物疾病在水产养殖中的影响受到了公众的广泛关注，但用于水产养殖的水生植物也可能面临同样的疾病风险。这对于生产者来说可能会造成同样的损失，特别是在水生植物用于直接食用食品和加工食品的情况下。同时，必须解决引入入侵性非本地水生植物物种对生物多样性的风险。因此，严格监管作为水产养殖投入品的水生植物与监管水生动物同样重要。

### 78. 进口立法

如上文第2.1部分所述，《国际植物保护公约》在国际层面提供了规范水生植物进口的法律框架。水生植物的进口也存在外来入侵物种潜在风险，尽管迄今为止，这种威胁尚未在水产养殖植物方面显现出来。

出现的第一个问题是，相关的植物卫生立法是否明确适用于水产养殖所用的水生植物。大多数国家都有关于植物卫生的特别立法，使它们能够履行《国际植物保护公约》规定的义务。然而，如上所述，《国际植物保护公约》并没有明确提及水生植物，直到2014年，该公约才被明确地应用于水生植物。植物卫生问题也可能受到更宽泛的生物安全立法、卫生与植物检疫立法或农业立法的监管（粮农组织，2020a）。还必须指出的是，遗传改良植物和其他遗传改良生物可以根据具体的生物安全立法或环境立法进行监管。

潜在的灰色地带涉及池塘和水族馆中使用的水生植物。如果它们在进口后直接投放市场，这可能不属于水产养殖法律框架范围内的问题（尽管这肯定是一个应该根据环境立法解决的问题，以防止外来或入侵物种的引入）。另一方面，为繁殖目的进口这类植物应列入水产养殖项目。

### 79. 协调机制

接下来，重要的是确保建立必要的法律和行政机制，以保证水产养殖管理部门和植物保护组织之间的协调（如上文第14节所述）。

### 80. 进口外来或遗传改良物种

有必要核实相关立法是否对以下水生植物的进口作出了规定：①外来（非本地）水生植物；②遗传改良水产养殖植物；③可能具有生物风险的植物和植物来源的产品。同样，这些问题可能会在环境立法中得到解决。

### 81. 进口管制

为了确保只进口健康的水生植物，有必要采取一些具体的进口管制措施。首先，相关立法应根据《国际植物保护公约》要求进口水生植物必须附有有效的植物健康证书。其次，重要的是，立法规定对进口水生植物进行检疫。根据世贸组织规则，必须在非歧视的基础上进行检疫。

立法还应使植物检疫措施能够适用于进口的水生植物、植物产品和其他受管制物品。这可以通过检查、禁止进口和强制处理来实现。进口管制措施应在有害生物风险分析的基础上实施。最后，植物保护组织必须拥有拒绝入境、扣留、要求处理或销毁患病水生植物及植物产品的合法权力。

### 82. 市场投放

同样重要的是，确保相关立法规范水产养殖中水生植物的市场投放以及此类植物的运输，包括在确定无虫害区域的基础上制定基于本区域的限制，并控制运输过程中使用水的排放。

### 83. 引进和使用

最后，相关立法还应规范在水产养殖中引进和使用外来水生植物，包括在完全与水生环境分离的陆基设施中引进和使用。

## c）投喂

尽管如前所述，贝类养殖主要基于环境提供的营养，但水产养殖中使用的其他水生动物物种需要投喂。事实上，投喂饲料的水产养殖的产量几乎是非投喂饲料的水产养殖产量的 2 倍（粮农组织，2022）。此外，水产养殖动物饲料通常是一个重要的生产成本因素，例如在印度尼西亚高达 70％。

水产养殖饲料（包括添加剂）的监管旨在确保水产养殖中只使用适当质量标准的饲料，既要确保此类饲料不含病原体，也要确保水产养殖饲料投入的可持续性。与其他水产养殖投入品一样，饲料可以在法域内进口或生产，这意味着法律框架的范围也包括水产养殖饲料的制造、进口、标签和市场投放，这一点很重要。

### 84. 范围

动物饲料通常在单独的饲料立法、食品安全立法、兽医立法、动物卫生立法或更宽泛的农业立法（以下简称"饲料立法"）中进行监管。尽管水产养殖饲料与其他类型的食物或饲料有相似之处，但它有它自身的特点。

因此，第一个问题是确定哪些法律规范水产养殖饲料。如果水产养殖立法中没有规定，饲料立法是否适用于水产养殖饲料？如果没有，那么可能应该相应地修改水产养殖立法。例如，越南水产养殖立法第 31 条载有一些关于水产养殖饲料的详细规定：

（1）用于调节养殖环境的水产饲料和产品在上市前应满足以下要求：

（a）它们有符合法律规定的声明；

（b）其质量符合适用标准；

（c）它们的信息已根据法律规定发送给农业和农村发展部。

（2）农业和农村发展部长应：

（a）发布国家水产饲料和产品技术条例，以调整水产养殖环境；

（b）发布禁止在水产饲料和产品中使用的化学品、生物制剂和微生物清单，以调整水产养殖环境；

（c）根据主管当局认可或批准的测试结果，以及科学技术任务的结果，或审查、调查和现实评估的结果，发布越南允许用于水产养殖的化学品、生物制剂、微生物和制造水产饲料的材料清单；

（d）提供关于检查水产饲料和产品生产商、贸易商和进口商条件的说明，以调节水产养殖环境；本法以及货物和产品质量法规定的生产、进口和出口的水产饲料和产品质量；应用技术方法处理水产饲料和产品质量违规行为的程序，以调节水产养殖环境；

（dd）为本条第 1 款（c）提供详细指南；规定水产饲料以及产品质量分析和技术标准中的命名和允许误差，以调节水产养殖环境，并应声明符合标准。

### 85. 协调机制

如果水产养殖饲料是由水产养殖管理部门以外的机构根据饲料立法进行监管的，那么重要的是要确保该机构与水产养殖管理机构之间有一个协商和协调机制。

### 86. 进口限制

关于水产养殖饲料的进口，重要的是确保相关立法在非歧视的基础上，为防止、限制或以其他方式控制水生动物饲料和饲料成分的进口提供法律依据，包括以下理由：①含有添加剂，以确保对其进行公认的风险评估；②使用从濒危物种中提取的鱼粉或鱼油制造。

关于水产养殖饲料的进口，越南的水产养殖立法也载有相当详细的规定：

**第 36 条　水产饲料和调节水产养殖环境产品的进出口**

（1）对进口水产饲料和用于调节养殖环境的产品进行质量检验。

（2）组织和个人可以进口水产饲料和用于调节水产养殖环境的产品，其中含有越南允许用于水产养殖的化学品、生物制剂、微生物和水产饲料原料清单中所列的化学品、生物制剂、微生物及水产饲料原料。进口本法第 31 条第 2 款 b 和 c 点规定的清单中包含的用于测试、科研、展销的水产饲料和含有化学品的调节水产养殖环境的产品，应获得农业和农村发展部的许可。

（3）用于调节养殖环境的出口水产饲料和产品应符合出口国法律和越南法律规定的要求。

（4）农业和农村发展部将考虑根据越南法律和越南签署的国际条约的规定，检查出口国管理和生产水产饲料及用于调节水产养殖环境产品的制度，如果：

（a）评估是为了与进口国互认；

（b）进口到越南的产品存在食品质量、食品安全、流行病或环境问题的风险。

（5）政府应为本条提供详细的指导方针。

### 87. 制造、市场投放和包装

当然，也有必要确保相关法域内有控制水产养殖饲料生产的立法，以建立和执行饲料质量和含量要求。还必须确保立法控制进口和国产饲料在市场上的投放，并确保水产养殖饲料符合包装（进口饲料可能需要重新包装）和标签要求。

水产养殖饲料的一个特别值得关注的问题是，它可能成为水生动物传染病的来源。这是因为水生动物本身通常是水生动物饲料的主要成分，使用半加工、生鲜的和活的饲料仍然是一种常见做法①。为此，《水生动物卫生法典》就机构责任、动物饲料疾病风险、风险途径和暴露，以及风险管理等问题提出了详细的建议。

### 88. 特定的鱼类饲料限制

水产养殖的一个负面环境影响可能是在鱼类饲料中使用可能具有食物用途、濒危或未以可持续方式管理的鱼类。在这方面，《负责任渔业技术指南第5号：水产养殖发展——在水产养殖中使用野生鱼类作为饲料》（粮农组织，2011）规定了鱼类饲料的4项相关原则如下：

原则1：水产养殖应使用可持续管理的渔业资源。

原则2：在捕捞野生水生生物用作饲料的情况下，应建立并实施负责任的渔业管理框架（《负责任渔业行为守则》第9.1.49条）。

原则3：减少捕捞和定向饲料鱼类捕捞作业不应对环境产生重大影响，也不应在生态系统层面造成重大负面影响，包括对生物多样性的影响。

① 《水生动物卫生法典》第4.8.1条。

原则 4：使用鱼类作为饲料不应对穷人和弱势群体的生计产生不利影响，也不应损害其粮食安全，特别是那些直接依赖鱼类资源的群体。

为了解决这一问题，相关立法应禁止或限制将含有以下成分的饲料投放市场或使用：①可能具有食品用途的鱼类；②濒危鱼类，包括受国家或国际法保护，或受《濒危野生动植物种国际贸易公约》保护的物种；③来自非可持续管理渔业的鱼类饲料。

### 89. 药用饲料

药用饲料在水产养殖中广泛使用。药用饲料是鱼类饲料和兽药产品的混合物。在受控条件下生产，其目的是治疗或控制水产养殖中使用的水生动物物种的疾病。因为它含有医药产品，所以重要的是要确保药用饲料的进口、上市、销售和使用，包括含有抗菌促生长剂的饲料或其他抗菌、医药产品，包括益生菌和其他非抗菌添加剂，都作为药物或医药产品进行监管。

## d) 药物

药物，包括医药产品，显然在水产养殖中治疗患病水生动物方面发挥着重要作用。然而，用作食物的水生动物体内的药物残留物可能对人类健康产生负面影响。人们还对水产养殖中预防性使用药物（包括抗菌药物产品），作为促进生长和在劣质水中养殖的一种手段表示担忧。水产养殖中抗菌产品的过度使用和预防性使用导致了日益严重的全球抗生素耐药性（AMR）问题。《水生动物卫生法典》第 6.1 章提出了控制 AMR 的详细建议。

关于水产养殖中药物的使用，《行为守则》第 9.4.4 条规定：
应确保安全、有效和尽量减少使用药剂、激素、药物、抗生素以及其他用于疾病控制的化学品。

### 90. 药物立法的适用

根据法域的不同，水产养殖中的药物使用问题可以在一般药物立法（在挪威，所有兽药产品均由挪威药品管理局批准）、动物卫生立法、动物生产立法、兽药产品专项立法、公共卫生立法或水产养殖立法中予以解决。在一些国家，有关于畜牧业和水产养殖的单独立法，包括关于陆地动物和水生动物的兽药产品的单独立法（粮农组织，2020a）。

无论采取哪种方法，都必须确保有明确的法律依据来规范水产养殖中的药物使用，包括鱼类口服药物、外用抗菌药物、抗寄生虫化合物和药物饲料。即使有更普遍适用的立法可以适用于水产养殖中使用的医药产品，在水产养殖立法中，规定通过具体法规来解决该行业的药物使用问题，也可能是有益的。例如，纽芬兰水产养殖法第 11.2 条授权部长制定条例，除其他事项外，有专门条例涉及水产养殖中疫苗和药物的使用。

### 91. 药物管理当局的确定

还必须确保相关立法明确规定负责批准水生动物药物的机构。

### 92. 协调机制

如果水产养殖管理机构以外的机构负责水生动物药物的审批，则必须确保立法规定明确的法律机制，以促进合作和信息交流。例如，纳米比亚水产养殖立法第 46 条规定：

> **药物、抗生素或化学品的使用**
>
> 部长在行使本法规定的与使用药物、抗生素或其他化学品控制水产养殖产品疾病有关的任何权力或责任时，必须征得负责公共卫生的部长的同意。

### 93. 进口和市场投放

重要的是要确保水生动物药物在以下方面获得批准：①进口；②市场投放，包括标签要求；③在水产养殖中的应用，特别是用于食品的水生动物。换言之，不应出现那些批准只能用于陆地动物的药物却合法用于治疗水生动物的情况。

### 94. 药物处方

为了确保只使用经批准的药物并正确使用，重要的是，相关立法规定，只有经授权的兽医和鱼类健康生物学家才能开具兽医处方，使用药物治疗水生动物。同样重要的是，要确保规定从用药到屠宰用作食物的水生动物之间必须经过的时间长度（停药时间），以确保人类食用安全。

### 95. 药物的使用

药品是潜在的危险产品。因此，确保相关立法要求以安全的方式在水产养殖中使用药品也很重要。这往往是一个复杂的领域，涉及药品立法、兽医立法和动物卫生立法的结合。

为此，重要的是确保相关立法：①要求水生动物药物的销售只能根据合格兽医开具的处方进行；②规定药物的使用只能在合格和有资质的兽医或辅助人员的监督下进行；③规定此类药物的储存方式；④规定此类药物的使用方式；⑤禁止或限制使用抗微生物制剂促进生长；⑥赋予负责实施药品立法的机构或水产养殖管理部门有限制使用抗微生物制剂进行预防和控制的权力，并确保这些条款在立法中得到适当定义；⑦规定标签和有效期要求。

就水产养殖立法而言，提及药物问题很重要，但可能会限制哪些是有效添加的内容。例如，加拿大的联邦水产养殖条例①为在有执照的水产养殖设施中有关存放"有害物质"的问题制定了一系列规则，其中包括"被允许或授权销售的药物或根据《食品和药品法》第5条规定，不禁止进口的产品"。

**药物**

在药物存放的情况下，

（a）如果根据议会法案，该药物只能在处方下销售，则必须由经正式授权从事兽医执业的人员开具处方：

（ⅰ）根据水产养殖设施所在省份的法律规定，

（ⅱ）如果水产养殖设施不在某个省份境内，根据任何省份的法律；

（b）设施的所有者或经营者必须采取措施，将药物意外存放的风险降至最低；

（c）如果存放药物是为了控制《有害生物控制产品法案》中定义的有害生物，则所有者或经营者必须在存放药物之前考虑是否有替代存放该药物的方法，并把这种考虑记录下来。

换言之，该条例明确规定，处方药只能在水产养殖设施中使用，前提是授权人员根据相关省份的法律和2002年（联邦）《有害生物控制产品法案》开具的处方。

### 96. 水产养殖用药信息（药物警戒）

为了监测水产养殖中使用药物的有效性并防止过度使用或滥用，还必须确保相关立法要求：①报告药物的不良反应或药物缺乏有效性；②建立水生动物药物使用引起的抗生素耐药性监测系统；③向兽医提供信息，以确保谨慎使用抗菌剂；④兽医应定期向主管当局报告其为水生动物开具的抗菌产品处方的数量和类型；⑤采取措施防止药物使用对野生种群的负面影响。

在这方面，《水生动物卫生法典》第6.3章就监测水生动物使用的抗菌剂的数量和使用模式提出了详细建议。同样，虽然水产养殖中使用药物的基本义务可能来源于药物立法，但也可以谨慎地在水产养殖立法中提及药物使用问题。例如，智利水产养殖立法第90条第4项要求不仅要提供关于水产养殖设施卫生状况的报告（这一问题将在下文讨论），而且还需具体提供关于抗菌剂使用数量和类型的报告。

观察和报告除水产养殖设施以外使用药物可能产生的影响也很重要。例

---

① 《水产养殖条例》，2015年。

如，加拿大的联邦条例规定：

> 13（1）如果在第 2 条第（a）或（b）项所述的任何药物或有害生物防治产品存放后 96 小时内，从水产养殖设施的任何部分观察到鱼类在水产养殖设施外发病或死亡，设施的所有者或经营者必须立即通知渔业官员以下内容：
>
> （a）设施及其运营商的名称；
> （b）观察到的鱼的地理坐标；
> （c）所观察到的鱼类的估计数量和物种（如果知道的话）；
> （d）存放的药物或有害生物防治产品的产品名称和存放日期。

### 97. 处置

最后，重要的是要确保相关立法为安全和无害化处置水生动物处方中未使用药物制定规则。这些规则可以在药品立法或关于危险废物处置的具体立法中加以规定。

### e）化学品

化学品，包括农药、杀虫剂、防污剂和肥料等化学产品，在水产养殖中用于一系列不同的目的，包括除草、清洁和处理。显然，使用此类化学品可能会对环境产生负面影响，并最终对水产养殖设施内的水生动植物产生负面影响。在水产养殖产品用作食品的情况下，残留物可能会对人类健康产生不利影响。

然而，与此同时，化学品也被用于几乎所有其他经济活动。为此，如第 2 章所述，特别危险或有害的化学品须遵守特定的事先授权制度和农药行为守则。然而，关于化学品进口和使用的国家法律框架不太可能具体提及化学品在水产养殖中的使用。

### 98. 化学品

在一般水平，重要的是确保制定立法，限制或禁止进口危险化学品，包括杀虫剂，《鹿特丹事先知情同意公约》《关于持久性有机污染物的斯德哥尔摩公约》禁止或限制进口的危险化学品，或被世界卫生组织（WHO）列为"极其危险"或"高度危险"的化学品。

### 99. 投放市场和用于水产养殖

关于化学品在水产养殖中的使用，重要的是，立法不仅要授权哪些化学品可以在该行业使用（因为授权用于其他目的的化学品可能不适合用于水产养殖），而且还要规定如何进行此类使用。水产养殖立法通常交叉引用这方面的其他立法，但一种方法是根据水产养殖立法规定，通过一份允许用于水产养殖的化学品清单。

### 100. 储存、标签、培训和记录要求

重要的是要确保相关立法：①规范化学品的储存和使用；②规定标签要求；③要求提高水产养殖工人对化学品及其使用的认识及培训水平；④要求保存关于水产养殖设施中化学品使用的记录。例如，爱尔兰水质条例①第8条具体提到水产养殖，即有义务保存"危险物质"的使用记录，该术语包括化学产品和药物：

持证人应保存的记录

8.（1）持证人应保存与水产养殖许可证所规定活动相关的记录，并供授权人员检查。

（2）在不违背第（1）款的一般性的原则下，应维护和保存的记录包括——

（a）危险物质接收记录；

（b）就动物补救措施［在2007年《欧盟（动物补救措施）（第2号）条例》（2007年第786号）的含义范围内］签发的每份处方由危险物质组成或含有危险物质；

（c）危险物质的储存记录；

（d）危险物质的使用记录；

（e）部长可能指定的其他记录。

（3）部长可决定根据本条例保存的记录的格式，如果要求这样做，持证人应以该格式保存记录。

（4）如果能够被转换为可读形式，则本段规定的记录可以以机器可读形式保存。

## 4.6  生产设施管理

在讨论了对水产养殖设施投入品的监管后，下一个需要解决的问题是关于水产养殖设施管理的框架，同时考虑到其中一些问题将在相关水产养殖许可证中得到解决。本部分主题包括一般管理问题以及与环境保护和常规动植物健康管理相关的事项。

---

① S. I. 第466/2008号——2008年《欧盟（水产养殖危险物质控制）条例》。

### 101. 行为守则

一种有效的方法是规定部长或水产养殖管理部门与有关利益相关方协商，为水产养殖行业或水产养殖行业的各个子行业制定一项或多项行为守则或非强制性标准。

例如，在泰国，《农业商品标准法案》B. E. 2551（2008）赋予由农业和合作社部长担任主席的农业商品标准委员会权力，以确定与农业行业有关的一系列标准。这些标准可以是强制性的，也可以是自愿的。关于水产养殖行业，迄今为止已通过了一项强制性标准（TAS 7432—2015），题为"无病害太平洋白虾〔凡纳滨对虾（*Litopenaeus vannamei*）〕孵化的良好水产养殖规范"，以及23项自愿性标准（表4-1）。

#### 表4-1 泰国水产养殖标准

| 序号 | 编号 | 标题 | 发布日期 |
|---|---|---|---|
| 1 | TAS 7422—2010 | 海水对虾孵化场和育苗场良好水产养殖规范 | 2010年10月4日 |
| 2 | TAS 7401—2019 | 海水对虾养殖良好操作规范 | 2019年12月4日 |
| 3 | TAS 7417—2016 | 淡水动物良好水产养殖规范 | 2016年11月18日 |
| 4 | TAS 7421—2018 | 淡水动物孵化场和育苗场良好水产养殖规范 | 2018年2月9日 |
| 5 | TAS 7429—2016 | 海水鱼养殖良好操作规范 | 2016年10月20日 |
| 6 | TAS 9000—2009 | 有机农业第1部分：有机农产品的生产、加工、标签和营销 | 2009年10月1日 |
| 7 | TAS 7700—2016 | 鳄鱼养殖场良好水产养殖规范 | 2016年7月26日 |
| 8 | TAS 7701—2019 | 鳄鱼养殖和护理场良好水产养殖规范 | 2019年10月31日 |
| 9 | TAS 7426—2012 | 观赏淡水动物养殖场良好水产养殖规范 | 2012年7月6日 |
| 10 | TAS 7433—2018 | 观赏海洋动物养殖场良好水产养殖规范 | 2018年2月9日 |
| 11 | TAS 7434—2019 | 海藻养殖场良好养殖规范 | 2019年9月18日 |
| 12 | TAS 7431—2016 | 鱼类上岸点良好卫生规范 | 2016年5月31日 |
| 13 | TAS 9043—2015 | 建立对虾养殖场隔离区划原则 | 2015年9月21日 |
| 14 | TAS 7430—2013 | 鱼类和贝类良好收获后处理规范 | 2013年4月20日 |
| 15 | TAS 7428—2012 | 水产养殖设施中水生动物疾病控制良好规范 | 2012年8月20日 |
| 16 | TAS 7427—2012 | 梭子蟹养殖场和青蟹养殖场良好养殖规范 | 2012年8月20日 |
| 17 | TAS 7425—2012 | 鱼类和渔业产品行为守则第4部分：活体和生食双壳类软体动物 | 2012年6月6日 |
| 18 | TAS 7424—2011 | 海水对虾养殖场良好养殖规范 | 2011年10月25日 |

（续）

| 序号 | 编号 | 标题 | 发布日期 |
|---|---|---|---|
| 19 | TAS 7410—2011 | 鱼类和渔业产品行为守则第 1 部分：一般要求 | 2011 年 10 月 25 日 |
| 20 | TAS 9000—2009 | 有机农业第 3 部分：有机水生动物饲料 | 2009 年 9 月 30 日 |
| 21 | TAS 7419—2009 | 海水对虾养殖场良好养殖规范：无病害海水对虾生产 | 2009 年 9 月 30 日 |

同样，在菲律宾，水产养殖法[①]第 47 条规定，水产养殖管理部门应制定"水产养殖行为守则，概述环境友好型水产养殖设计和运营的一般原则和指导方针，以促进该行业的可持续发展"。第 47 条还规定，该守则将"通过与有关利益相关方进行协商而制定，利益相关方包括渔业工人、鱼塘所有者、渔民合作社、小型经营者、研究机构和学术界"。

从本质上讲，行为守则是一种自愿性文书，因此不具有法律强制性。但这并不一定意味着这种文书完全没有法律效力。例如，汤加的水产养殖法规定由部长通过"操作规范"。虽然这些规范也是自愿的，但第 10 条第（3）款规定，"在授予或取消本法案项下的任何授权时，应考虑不遵守操作规范的情况"。换言之，不遵守相关行为守则可能会对水产养殖管理部门做出的许可决定产生影响。

## 102. 现场管理计划

作为良好实践，每个水产养殖设施都应该有自己的现场管理计划，水产养殖立法应该指出哪些是需要解决的主要问题。该计划的重点应放在水产养殖的环境影响方面，还包括正在养殖的水生动植物的健康。这些计划可能包括：①水产养殖设备的维护；②采取行动避免或尽量减少水产养殖种群中的疾病；③应对逃逸和与野生种群间相互作用的响应计划；④处理死亡水产养殖种群的行动；⑤对设施进行定期检查和监测。

## 103. 社会层面

可持续的水产养殖行业不仅体现在经济和环境的可持续性上，也体现在社会发展的可持续性上。在这方面，重要的是确保世界各地从事水产养殖（全职、兼职或临时工）的 2 000 万人的权利和工作条件得到适当改善。鉴于本书第 2 章所述的不同生态标签相关认证体系的发展，重视劳工问题越来越有必要。简单地说，富裕国家的消费者不想吃基于强迫或其他剥削劳动力生产的海鲜。确保水产养殖中的工人（如第 3 章所述，不受特定国际劳工标准的约束）

---

① 1998 年《菲律宾渔业法典》。

得到公平对待，对于确保该行业经济可持续性，持续进入出口市场，可能变得越来越重要。

在这方面，可能会出现一些问题。第一个问题涉及水产养殖工人的劳动状况以及相关立法在多大程度上承认他们的就业权利。特别是，他们被归类为"农民"还是"渔民"的问题，这关系到他们是否有权从这两种就业制度（作为"农民"或者"渔民）的任何一种中受益？

第一个问题涉及社会保障权利。再者，水产养殖工人的权利是否得到承认？关于强迫劳动和童工的规定是否适用于设施水产养殖？最后，关于水产养殖工人健康和安全的立法如何？根据定义，水产养殖意味着在水中及其周围工作，这可能是危险的。关于水上或水域周围工作的现有健康和安全规则是否也适用于水产养殖？当然，这些都是主要在与劳工有关的立法中要解决的问题。然而，水产养殖立法没有理由不交叉引用这些法律，从而加强其执行。例如，越南水产养殖法第38条特别要求每个水产养殖设施遵守职业安全条例等事项。

### 104. 技术能力

鉴于水产养殖的技术性质，水产养殖立法通常要求水产养殖许可证持有人：①具有适当的资格；②雇用具有适当资格的工作人员。例如，克罗地亚水产养殖法第21条规定，水产养殖许可证持有人必须持有附属立法中所述的相关专业资格，或者雇用专业合格的全职工作人员，否则必须接受强制性培训。

### 105. 船只使用

特别是关于使用围栏和网箱的水产养殖，在日常操作中通常需要使用船只。水产养殖立法往往对两个特定领域进行监管。首先是对船只本身的监管或许可。例如，克罗地亚水产养殖法第22条要求用于水产养殖的船只必须根据附属立法的特定项目在渔船队登记册中登记。另一方面，葡萄牙的水产养殖立法只规定，用于支持水产养殖运输水产养殖产品、工人和投入品的船只应归类为"当地"或"沿海辅助船只"。

智利的水产养殖立法还要求用于水产养殖的船只配备基于全球定位系统的船只监测系统（VMS），与苏格兰的相关立法一样[①]，包含了关于用于运输活鲑鱼的"活鱼舱船"卫生的具体规定。

### 106. 监测和报告

为了确保获得管理水产养殖行业所需的数据，水产养殖立法要求水产养殖许可证持有人向水产养殖管理部门提供有关水产养殖生产、损失、销售和总体

---

① 2007年《水产养殖和渔业（苏格兰）法案》。

财务业绩等事项的年度信息，这一点很重要。

即使水产养殖法规定了基本报告要求，准确的报告要求也通常在附属立法中加以规定，例如克罗地亚水产养殖法第 24 条。葡萄牙的水产养殖法更进一步，其要求（在第 32 条中）以电子形式提交年度报告，除非持证人既没有办法也没有计算机技能这样做，在这种情况下，报告可以以纸质形式提交（前提是水产养殖管理部门得到相应通知）。

## a）水产养殖生产对环境的影响

### 107. 环境监测与报告

鉴于水产养殖与环境之间的关系日益受到关注，水产养殖立法可以要求水产养殖许可证持有人监测设施对环境的影响，并定期向水产养殖管理部门提交这些调查结果的报告。例如，《南澳大利亚水产养殖条例》第 22 条要求提交一份关于设施运营的年度报告，特别是关于投入品的报告：

**第 22 条　一般环境事项年度报告**

持证人必须在每年的报告日当天或之前向部长提交一份报告——

（a）包含与上一报告年度有关的以下详细信息（或部长向被许可人发出的通知中可能规定的以下详细信息）：

（ⅰ）许可区域内农业结构的位置（使用 WGS84 或 GDA94 基准），

（ⅱ）许可区域内农业结构的数量、尺寸或间距，

（ⅲ）持证人所从事的农业活动的详情，例如——

（A）许可区域内使用的任何补充饲料的数量和类型，

（B）许可区域内使用的化学物质的数量和类型，

（C）化学物质的使用日期，

（D）如果是需要定期投喂的水生生物，许可区域内此类生物的数量和生物量的估计值，

（E）许可区域内的农业生产规模或强度，

（ⅳ）如果报告的作者不是持证人，则应提供作者的姓名和地址，

（ⅴ）部长要求并在通知中规定的任何其他细节；

（b）附上持证人根据第 23 条编制的关于水生环境的最新报告（如有）的副本。

此外，该条例还规定，部长可要求编制一份关于实际环境影响的具体报告：

**第 23 条　水生环境定期报告**

（1）部长可通过向被许可人发出书面通知，要求被许可人在通知

规定的期限内编制一份关于许可区内或周围水生环境状况的报告。

（2）根据本条发出的通知可要求持证人——

（a）收集水生环境状况的证据，通过——

（ⅰ）以特定方式和形式拍摄与水生动植物或海底有关的照片、其他视频或录像，

（ⅱ）以特定方式（包括使用认可实验室的服务）采集和分析水生动植物或海底生物的特定样本，

（ⅲ）采集或采取任何其他指明的样本或措施；

（b）以规定的方式和形式，准备并向部长提交一份报告，其中包含根据（a）段收集的证据所发现的许可区域或其周围水生环境状况的详细信息。

## 108. 防止逃逸

除了旨在防止逃逸的许可证条件外，水产养殖立法通常还规定了如果水生动物（通常是鱼类）逃逸会发生什么。对于某些物种，尤其是鲑鱼，由于具有对野生种群产生不良遗传影响的风险，逃逸是水产养殖行业面临的最严重挑战之一。为了防止逃逸，水产养殖立法必须包含制定具体规则以防止逃逸的规定，要求：①在建造水产养殖设施时使用符合相关技术标准的设备或材料；②使用有效的隔板或屏障；③定期检查水产养殖设施，以核实结构完整性；④记录此类检查并定期向水产养殖管理部门报告。

## 109. 逃逸反应

如果发生逃逸，应该承担什么法律后果？首先，水产养殖立法通常要求责任人尝试追回逃逸的动物。例如，爱尔兰水产养殖立法第77条规定：

（1）［水产养殖管理部门］可以采取其认为必要的行动，重新捕获从有许可证的设施中逃逸的种群。

（2）尽管本法或1959年至1995年《渔业法案》有任何其他规定，部长或部长为本节之目的指定的官员可授权持证人、其他个人或机构采取授权书中规定的行动，以重新捕获根据许可证经营的设施中逃逸的种群。

（3）根据部长或其指定官员（视情况而定）认为必要或满足适当的条件（如有），可进行第（2）款中提及的授权。

（4）依据第（2）款下的授权采取行动的人支出的合理费用，可作为到期应付给产生费用的人的债务，从持证人处追回。

其次，重要的是记录任何此类逃逸的细节，并向水产养殖管理部门报告

逃逸情况。例如克罗地亚水产养殖立法第 19 条要求水产养殖许可证持有人"保存水生生物从养殖设施逃逸的记录",并"在参考自然年度结束后的 3 个月内,按照规定格式和程序,以规定表格提交水生生物从养殖设施逃逸的准确信息"。

如果逃脱的水生动物无法找到怎么办?如前所述,智利水产养殖立法第 118 条第 4 项规定:

> 如果集约养殖系统中的水生生物资源逃逸或大量损失,或粗放养殖系统中外来水生生物资源分离或损失,设施所有者在事件发生后 30 天内没有重新捕获至少 10% 的动物,则根据第 19.300 号法律推定存在损害……。

第 19.300 号法律《环境基本法与环境影响评价制度条例》第 3 条规定:

> 尽管有法律规定的处罚,任何一方因疏忽或故意的不当行为对环境造成损害的,应被要求在可能的情况下自费进行实质性修复,并依法提供赔偿。

然而,从文本本身来看,在这种情况下如何计算赔偿金额尚不清楚。

## 110. 捕食者控制

水生动物聚集的水产养殖设施可能是高级捕食者的丰富食物来源,这些捕食者也可能是濒危物种。因此,适当的做法是在水产养殖立法中规定,在可行的情况下,只应采用非致命性管理措施来阻止、威慑或清除濒危捕食者。然而,有时采取致命措施是唯一现实的解决方案。但是只有在环境机构或负责保护物种的其他机构明确批准的情况下,才能使用致命方法。

## 111. 丢失的设备

全球对环境中塑料含量的增加普遍担忧,这种担忧同样涉及水产养殖设备。水产养殖设施可能相对比较脆弱,无论是在海上还是内陆水道,网箱、网和绳索都很容易损坏和丢失。水产养殖立法通常要求回收丢失的水产养殖设备。为此,要求设备上标有相关的许可证号或注册号有助于回收工作的开展。

## b) 水生动植物健康管理

关于水产养殖设施管理,《行为守则》第 9.4.4 条规定,"各国应促进有效的养殖场和鱼类健康管理的实施,推广卫生措施和疫苗"。

再次出现的一个问题是,如何最好地推广有利于水生动植物健康的适当养殖实践。实现这一目标的最佳途径是通过立法和执法,还是以《行为守则》为基础？一般来说，二者组合将是最有效的，尽管有时水产养殖立法可能会侧重于极其详细但非常重要的事项。例如，魁北克省商业水产养殖条例第39条详细规定如下："（a）所有人都必须使用足浴池（如果有的话），并洗手消毒。"

## 112. 疫苗接种

疫苗接种在维护水生动物健康方面发挥着越来越重要的作用。例如，在挪威，所有在海上养殖的鲑鱼都接种了多种疾病的疫苗，主要是针对细菌性疾病。因此，当前挪威水产养殖业的抗生素使用率极低。为了制定有效的水产养殖疫苗接种计划，有必要确保相关立法：①规定水生动物接种特定疾病疫苗；②就水生动物接种特定疾病的强制性疫苗作出规定。

## 113. 测试和记录

再次回到数据和信息的重要性，重要的是要求水产养殖许可证持有人保存有关水产养殖设施日常管理中动物健康方面的记录，并记录所采取的治疗措施。如果没有这些信息，水产养殖管理部门或主管当局很难清楚了解设施层面的动物健康状况。为此，相关立法要求每个水产养殖许可证持有人：①保存一份种群登记册，其中包括进出设施的水生动植物批次的详细信息；②根据不时变化的条例或许可证条件，定期对水生动植物进行病原体检测；③记录病原体检测结果，并在检测到病原体时向水产养殖管理部门、主管当局和植物保护组织发出警报；④保存正在养殖的动物或植物的日常检查记录；⑤记录水产养殖设施内使用的所有兽药、化学品和植物处理剂的名称、使用原因、日期、数量和停用时间；⑥向兽医或主管当局以及植物保护组织或水产养殖管理部门报告每日死亡率高于平均水平的所有死亡事件。

例如，《南澳大利亚水产养殖条例》第15条要求保留详细的种群登记册，以便除其他事项外，跟踪每批水生动物的健康状况：

**第15条　种群登记**

（1）许可证持有人必须按照本规定保存种群登记册，否则最高罚款：5 000美元。

赔偿费：315美元。

（2）种群登记册必须包含（以清晰易读的形式）：

（a）向持证人提供的有关水生生物的以下信息：

（ⅰ）持证人收到水生生物的日期，

（ⅱ）提供水生生物的持证人的名称和地址，

（ⅲ）水生生物的种类，

（ⅳ）接收的水生生物的数量或生物量，

（ⅴ）接收时水生生物的年龄或发育阶段，

（ⅵ）确定水生生物在供应前最后饲养的地点或收集水生生物的地点的详细信息；

（b）持证人收集的有关水生生物的以下信息：

（ⅰ）确定 2007 年《渔业管理法案》所指的收集水生生物的机构的详细信息，

（ⅱ）收集水生生物的日期，

（ⅲ）确定水生生物收集地点的详细信息，

（ⅳ）水生生物的种类，

（ⅴ）收集的水生生物的数量或生物量；

（c）关于水生生物从许可证持有人占用的许可区域转移到另一许可区域（无论这两个许可区域是否由同一许可证持有人占用）的以下信息：

（ⅰ）水生生物迁移的日期，

（ⅱ）接收水生生物的持证人的名称和地址，

（ⅲ）水生生物的种类和数量或生物量；

（d）关于持证人向他人供应水生生物的以下信息［（c）段所述情况除外］：

（ⅰ）水生生物的供应日期，

（ⅱ）接受供应水生生物的人的名称和地址，

（ⅲ）水生生物的种类和数量或生物量；

（e）有关在持证人水产养殖过程中死亡的水生生物的信息：

（ⅰ）水生生物的种类，

（ⅱ）水生生物死亡的日期（或估计日期），

（ⅲ）已经死亡的水生生物的数量或生物量（或估计的数量或生物量），

（ⅳ）水生生物死亡时的年龄或发育阶段，

（ⅴ）最后一次检查水生生物的日期，

（ⅵ）水生生物处置方式和地点的说明；

（f）为治疗或预防目的而向持证水生生物提供的治疗或预防的详细信息包括：

（ⅰ）治疗的原因，

（ⅱ）实施治疗的日期，

（ⅲ）用作治疗的一部分的每种物质的名称（包括商品名或专利

名）以及施用的剂量或数量，

（ⅳ）通过参考水箱或网箱编号或通过其他方式识别接受处理的水生生物的信息。

（3）除第（4）款另有规定外，要求录入种群登记册的记录必须在相关事件发生后 7 天内录入。

（4）如果被许可人已根据第 13 条的规定将异常高的死亡率通知部长，部长可要求被许可人在通知后 24 小时内按要求更新种群登记册。

（5）记入种群登记册的记录必须自记入之日起保留 5 年。

（6）根据本条例要求保存记录的人员必须在部长书面授权人员的要求下，出示记录以供检查。

魁北克水产养殖条例①要求对水产养殖设施中的水生动物种群记录类似的详细信息，该条例还涉及与水生动物接触的设备和设施所用的药物、水处理产品和清洁产品、所用饲料的详细信息、与兽医的协商、分析和测试结果、购买的药物、实施的治疗等问题。

### 114. 卫生和福利标准

确保相关立法包含适用水生动物最低卫生标准和最低福利标准的机制也很重要。虽然卫生和动物健康之间的联系是显而易见的，但值得注意的是，水生动物，特别是鱼类，对疾病的易感性在很大程度上受到应激的影响。可能增加鱼类应激的因素包括高放养密度和营养不良。

例如，智利水产养殖立法第 13 条规定，作为一般原则，"水产养殖必须包括保护动物福利的标准和避免不必要痛苦的程序"。同样，印度尼西亚水产养殖条例②第 71 条规定：

（1）第 55 条第（2）款第（g）项所述水生动物福利的实施适用于鱼类养殖、运输、致晕和捕杀。

（2）第（1）款所述的鱼类福利应通过应用以下原则来实现：

（a）免于饥饿、营养不良和干渴；

（b）免于疼痛和疾病；

（c）免于恐惧和痛苦；

（d）免受伤害；

（e）自由表达正常行为。

---

① 《商业水产养殖条件》第 18 条。
② 关于水产养殖实践的 2017 年第 28 号政府条例。

（3）第（1）款所述各项活动中有关鱼类福利的规定应由部长条例规定。

### 115. 动物福利——致晕和捕杀

同样重要的是，确保在相关法律中制定适当的标准，用于在日常操作中对水生动物进行致晕和捕杀，以及为实现疾病控制目的而销毁水生动物。

在这方面，《水生动物卫生法典》第7.3条就人类食用的养殖鱼类的致晕和捕杀福利提出了建议，涉及人员培训，饲养设施设计，水生动物的卸载、转移和装载，以及不同的致晕和捕杀方法等问题。

## 4.7 疾病预防和控制

虽然本书4.6的 b）部分涉及水产养殖设施中水生动植物健康的常规方面，但本部分涉及政府层面，特别是主管当局或植物保护组织和水产养殖管理部门为准备、预防和应对疾病暴发应采取的措施。这些措施应该被纳入相关立法。

如前文所述，水生动物疾病问题是可持续水产养殖扩张和发展的最严重制约因素之一。水生动物水产养殖的一个全球危机是，一种以前未报告的病原体会引起一种新的未知疾病，这种病原体迅速传播，包括跨越国界，大约每3到5年就会造成一次重大的生产损失（粮农组织，2019b）。

水产养殖中使用的水生植物也会受到疾病的影响，虽然到目前为止，影响没有水生动物疾病那么严重，但使用水产植物养殖是一个有价值的产业，尤其是对于拥有主要水生植物水产养殖行业的国家来说，只是需要采取类似的措施来管理和减小疾病风险。

有效应对水生动物疾病和水生植物疾病风险的唯一方法是提前做好准备。

### a）准备措施

准备措施包括积极监测水生动植物健康风险，以及建立必要的系统程序，在动植物疾病暴发之前对其作出反应。

### 116. 应急预案

如果外来病原体出现在国家领土或共享水域内的易感物种中，应急预案在防止外来病原体进入、检测、控制严重病原体以及在可能的情况下根除严重病原体方面发挥着至关重要的作用（Subasinghe 和 Bondad - Reantaso，2008）。关于预案的详细规定登载于粮农组织亚太水产养殖中心网（NACA）的亚洲水生动物卫生突发事件应急准备和应对指南。确保通过立法规定预案和应急措施也很重要。

《水生动物卫生法典》第 4 章详细规定了应急预案，以应对可能威胁水产养殖中使用的水生动物以及野生种群的疾病引入风险。第 4.5.2 条规定的第一项关键要求是，各国必须拥有实施应急预案的法定权力：

> 各国必须制定实施应急预案所需的必要法律规定。这种法律权力必须包括制定需采取行动的疾病清单的规定、发现这些疾病应如何进行管理的说明、进入感染或可疑场所的规定，以及其他必要的法律规定。

应急预案中要解决的问题包括：在中央或地方一级建立一个或多个危机中心，负责协调要采取的控制措施；确定所需人员和培训方案。《水生动物卫生法典》第 4.5.5 条还建议，制定应急预案的国家还应制定一套详细的指南，说明在怀疑或确认特定水生动物疾病时应采取的行动。

《国际植物保护公约》的法律框架中关于规划的建议较少，但对于一个拥有重要水生植物水产养殖行业的国家来说，提前规划应对疾病风险的重要性似乎显而易见。

下一个问题涉及应急预案的法律依据。在许多国家，陆生动植物通常是关注的重点，相关问题已经在动物卫生或植物保护立法中得到解决。鉴于水产养殖行业面临的风险及其特殊性，水产养殖立法越来越多地涉及动植物健康问题。有时，水产养殖立法只是交叉引用相关立法。在其他情况下，则制定了更多实质性条款。例如，韩国水产养殖立法第 3 条规定了一个相对复杂的框架，以应对水生动物和水生植物疾病暴发风险：

### 第 3 条  水生生物疾病控制措施

（1）为了防止水生生物疾病的暴发和传播，海洋和渔业部长应每 5 年制定和实施一次综合控制措施（以下简称"水生生物疾病控制措施"）。在这种情况下，海洋和渔业部长应事先与有关中央行政机构的负责人协商。

（2）水生生物疾病控制措施应包括以下事项：

（a）建立预防和早期发现水生生物疾病的报告制度；

（b）制定和实施控制各种水生生物疾病的应急措施；

（c）与有关机构合作控制水生生物疾病；

（d）开展水生生物疾病控制的教育和公共关系活动；

（e）进行水生生物疾病控制信息的收集和分析；

（f）培养控制水生生物疾病的专业人力资源；

（g）其他有关水生生物疾病防治措施的事项。

（3）海洋和渔业部长应将根据第（1）款制定的控制水生生物疾病的措施，通知特别直辖市市长、直辖市市长、道知事和特别自治省知事（以下简称"市长、道知事"）。

韩国水产养殖立法的有趣之处在于，其在第4条继续规定设立一个特别的"水生生物疾病控制委员会"，如下所示：

### 第4条　水生生物疾病控制委员会

（1）特此设立一个水生生物疾病控制委员会（以下简称"控制委员会"），由海洋和渔业部长管辖，就与控制水生生物疾病有关的重大政策问题向海洋和渔业部部长提供咨询。

（2）控制委员会应邀请在水生生物养殖或水生生物疾病相关领域具有专业知识的人员参加。

（3）控制委员会的组成和运作相关的事项应由海洋和渔业部的条例规定。

## 117. 基于风险的监控

要求主管当局、植物保护组织或水产养殖管理部门采取基于风险的方法对水产养殖设施进行监控也很重要，包括根据生产类型进行定期检查、访问、审计，并在适当情况下进行抽样。这一要求可以在动物卫生或植物卫生立法中规定，那么在水产养殖立法中交叉提及可能会很有用，也可以在水产养殖立法中具体提及。例如，根据印度尼西亚水产养殖立法①通过的附属立法中包含了相对详细的监控活动规定，如下所示：

### 第57条

（1）第56条第a项所述的监控和监测应至少包括以下活动：

（a）规划，包括建立监测方法、确定疾病目标、样本位置和数量，以及指定检测实验室；

（b）实施，包括抽样和测试；

（c）评估监控和监测结果；

（d）确定病鱼的位置、目标鱼类跟踪和监测；

（e）鱼类疾病通报。

（2）第（1）款所述的监控和监测应主动和被动进行。

（3）有关鱼类疾病监控和监测的进一步规定应由部长级条例加以规定。

---

① 关于水产养殖实践的2017年第28号政府条例。

《水生动物卫生法典》第1.4章登载有关于水生动物健康监测的详细建议，而《国际植物保护公约》第Ⅳ条将监测种植的植物以及储存或运输中的产品（目的是报告有害生物的出现、暴发和传播，并控制这些有害生物）作为国家植物保护组织的职责之一。

### 118. 实验室

虽然在某些情况下，水生动植物疾病的证据可能肉眼可见，但疾病或有害生物的确切性质通常只能在实验室分析的基础上加以确认。为此，有必要确保法律指定具有适当资质认可的实验室（包括官方和参考实验室）进行检查，确认是否存在疾病或提供以下方面的诊断服务：①水生动物健康；②水生植物健康。

例如，《水生动物卫生法典》第4.5.6条规定，制定应急预案的国家应建立具有必要设施的国家参考实验室，以便能够迅速开展水生动物疾病的诊断工作。此外，如该法典所述，可能需要由世界动物卫生组织参考实验室确认初步诊断结果。

### 119. 协调

确保有稳健的程序来保证有效的信息交流、协调和合作十分重要，特别是在主管当局、植物保护组织和水产养殖管理部门分属不同部委的国家尤其如此。协调是一个应该在应急预案中解决，并应不时更新的问题。例如，如上所述，韩国水产养殖立法第3条所预见的水生生物疾病控制措施包括一个标题："与相关机构合作控制水生生物疾病"。

### 120. 建立分离区和隔离间

如上文第48节所述，《水生动物卫生法典》建议建立分离区，将水产养殖中使用的水生动物的不同亚群分开，以此作为防止疾病传播的手段。关于分离区和隔离间的详细规定见本书第4.1部分。分离区和隔离间的区别在于，分离区适用于在地理基础上定义的亚群，而隔离间适用于与生物安全有关的管理实践作为决定因素时定义的亚群。

### 121. 法定报告疾病清单

接下来，重要的是，要有相关立法要求主管当局和植物保护组织保存一份清单，其中包括：①应报告的水生动物疾病；②应报告的水生植物疾病。保存此类清单的义务通常会在动物卫生或植物保护立法中规定，但在水产养殖立法中提及它们也是有益的。例如，日本水产养殖立法第2条第（2）款规定：

在本法中，"特定疾病"是指养殖场饲养的水生动植物携带的传染病，这些疾病未被证实发生在日本或仅发生在日本的一个地区，并且被农林水产省的条例认定为一种疾病，如果该疾病传播，可能会严重危害养殖场养殖的水生动植物。

### 122. 通报世界动物卫生组织的义务

相关立法应要求主管当局将以下情况通报给世界动物卫生组织：①所列疾病在相关法域内首次发生；②在之前已填写最后报告，宣布疫情已经结束后，但先前所列疾病再次复发；③所列疾病的病原体的新菌株首次出现；④由所列疾病的病原体引起的分布、发生率、毒力、发病率或死亡率突然和意外变化；⑤所列疾病在新宿主物种中发生。

### 123. 疾病暴发声明

相关立法还应规定主管当局和植物保护组织就应报告的水生动物或水生植物疾病的暴发发出声明。

### 124. 强制性报告要求

为了生成必要的信息，相关立法必须强制性要求水产养殖户、植物和水生动物健康管理专业人员以及诊断实验室向主管当局和植物保护当局报告：①水生动物中应报告的疾病；②水生动物中的新的或未知的疾病，以及异常发病率水平；③水生植物中应报告的或新的、未知的疾病。

这些可以在动物卫生或植物卫生立法中完成，也可以在水产养殖立法中规定，如日本水产养殖法第7-2（1）条所述：

> 当经营或从事水产养殖的人员发现其拥有或管理的任何养殖的水生动植物实际或可能感染了特定疾病时，应根据农林水产省法令规定的程序，立即通知对上述养殖的水生动植物所在地具有管辖权的知事。

第7-2（2）条还规定，知事可下令检查相关水产养殖设施，如果发现可能存在疾病的证据，必须立即通知农林水产省大臣以及其他相关知事。

## b）应对措施

下一步是确保存在法律工具，以便在发现水生动物或水生植物疾病的情况下采取必要的应对措施。

### 125. 强制治疗

就可能的应对措施而言，重要的是，相关立法赋予主管当局、植物保护组织或水产养殖管理部门法律权力：①下令对患病水生动物进行治疗或采取其他纠正措施；②下令对患病水生植物进行治疗或采取其他纠正措施。

### 126. 监测疾病影响

相关立法也有必要要求主管当局、植物保护组织或水产养殖管理部门：(a) 监测水产养殖中水生动物的疾病对野生水生动物的影响；(b) 采取措施，尽可能减少并防止该疾病在野生水生动物中的进一步传播。

### 127. 紧急权力

为了防止疾病传播，相关立法还应至少赋予主管当局、植物保护组织或水产养殖管理部门采取一系列紧急行动的必要权力：①下令停止水生动物在分离区、隔离间或其他规定区域之间的迁移；②下令停止水生植物在不同地区之间的迁移；③下令强制处理水生动物；④就陆上设施而言，下令立即停止从该设施排放废水；⑤下令停止捕捞和销售患病的水生动物或水生植物；⑥下令销毁患病的水生动物或水生植物；⑦暂停所有需要申报疾病暴发的物种的进口；⑧暂停所有受应报告疾病暴发声明约束的水生动物或水生植物物种的出口。《水生动物卫生法典》第 4 章列出了详细的建议。

日本的水产养殖立法第 8 条第（1）款赋予作为国家代表的知事以下权力：

（1）当任何知事发现某种特定疾病可能传播时，可以在防止疾病传播所需的范围内发布以下命令：

（a）向拥有或控制所述养殖场养殖的水生动植物的人，发出的限制或禁止实际或可能感染特定疾病的养殖场养殖水生动植物迁移的命令；

（b）向拥有或控制所述养殖场养殖的水生动植物的人，发出的焚烧或掩埋实际或可能感染特定疾病的养殖场养殖的水生动植物的命令，或通过能够破坏特定疾病病原体传染性的其他方法处置该水生动植物的命令；

（c）向拥有或控制所述养殖场养殖的水生动植物的人，发出的限制或禁止该水生动植物（仅限于位于有关知事指定地区的动植物）迁移的命令；

（d）向拥有或控制所述渔网、鱼类保留区或其他物品的人，发出的对存放或可能存放特定疾病病原体的农林水产省法令规定的渔网、鱼类保留区和任何其他物品进行消毒的命令。

（2）有关知事应按照农林水产省法令规定的程序，向农林水产省大臣报告根据前款规定发布的命令的执行情况和结果，并向有关知事报告。

（3）关于根据第（1）款规定发出的命令，不得根据《行政行为上诉审查法案》（1962 年第 160 号法案）提起上诉。

## 128. 费用和赔偿

支付销毁患病动物或水生植物的费用以及提供赔偿的事项引发了一些复杂的问题。另一方面，虽然水产养殖户尽快报告疾病很重要，但如果这样做会增加他们的财产损失、水生动物或水生植物被销毁的风险，他们可能不愿意这样做。因此，可以提出一个强有力的理由，即为了防止水生动植物疾病传播，应该针对为了公共利益而销毁私人财产（患病的水生动物或水生植物）支付赔偿金。例如，日本水产养殖法第9条就赔偿问题作出了相当详细的规定：

（1）如任何人因根据前条第（1）款作出的任何命令而蒙受损失，有关知事须就该命令所造成的一般损失向该人作出赔偿。

（2）依照前款规定要求获得赔偿的人应向有关知事提交书面申请，说明估计赔偿金额。

（3）如果有关知事收到前款规定的申请，应立即确定赔偿金额，并将金额通知申请人。

（4）对前款规定的赔偿金额不满意的，可以自收到决定通知之日起6个月内提起诉讼，要求增加赔偿金额。

（5）在前款所述的诉讼中，有关县［或根据《渔业法案》第136条的规定，由农林水产省大臣行使有关县知事职权的国家；第13条第（3）款同样适用］应作为被告。

相反，也有人认为，如果在疾病暴发的情况下支付赔偿金，可能会阻止农民从一开始就注意预防疾病。毕竟，如果他们得到赔偿，那么他们可能就没有兴趣真正好好照料自己的动植物。同样，这里没有简单的答案。不过，总的来说，提供某种形式的补偿方案以此来鼓励主动报告似乎是明智的，尽管成本在某种程度上是相互的（例如通过强制性保险基金的方式解决）。

## 129. 临时封闭、处理和休养

在疾病暴发后，考虑到发生疾病的水产养殖设施的状态也很重要，因为这些设施可能携带病原体。为此，重要的是确保相关立法赋予主管当局或水产养殖管理部门权力，命令：①临时关闭水产养殖设施；②处理水产养殖设施；③在规定期限内休养设施水产养殖生产。关于这些问题的详细建议载于《水生动物卫生法典》第4.3条。

## 130. 宣布无病状态

最后，一旦疾病暴发得到有效解决，就有必要建立法律机制以便恢复水生动植物的迁移和贸易。为此，立法应赋予主管当局、植物保护组织或水产养殖管理部门必要的法律权力：①宣布受感染区、隔离间或其他区域没有应呈报疾病，并为这一声明制定相关标准；②宣布某一疾病流行率较低的地区、隔离间或其他区域，并为这一声明制定相关标准；③宣布缓冲区，并为这一声明制定相关标准。

## 4.8  后期生产

如前文所述，后期生产阶段包括收获后阶段，换言之，水生动物和植物收获后的阶段，还包括水产养殖生产周期中不同阶段完成后适用的规则，例如，幼鱼从孵化场迁移到成长设施。这是其他法律可能涉及的领域，具体取决于所属法域，包括水产养殖立法、食品法、公共卫生法等。

### a) 食品安全和可追溯性

食品安全和可追溯性问题与食品和消费品的水产养殖生产有关。为此，《行为守则》第 9.4.7 条规定：

> 各国应确保水产养殖产品的食品安全，并通过在收获前、收获期间、现场加工以及产品储存和运输过程中特别注意保持产品质量和提高产品价值。

在水产养殖生产方面出现了两个关键问题。首先，不应允许患病的水生动物和水生植物产品进入食物链。话虽如此，水生动物的疾病通常不是人畜共患疾病，食品安全问题通常与生长用水（对双壳类动物）的质量以及产品处理和加工中的卫生状况有关（Kahn 等，2012）。其次，此类产品不应含有水产养殖中使用的药物或化学品的不健康残留物（Taylor，2009）。为此，需要一个健全的标准体系和可追溯系统。食品安全可追溯性问题通常可在食品立法、渔业立法或水产养殖立法中解决。需要注意的一点是，水产养殖食品的食品安全和可追溯性的要求可能与捕捞渔业食品的要求相同，这意味着同样的基本制度可能适用于两者。

### 131. 标准和可追溯性

健全的标准和可追溯体系的详细要素通常可以在附属立法中列出，这些立法至少应规定：①制定水产养殖设施、加工机构、冷藏室、制冰厂、鱼类运输车辆和服务船的标准；②制定适用于水产养殖产品生产商和经销商的具有约束力的水产养殖产品运输、处理和储存标准；③加工机构编制及实施质量管理和检查方案；④强制性使用监测质量管理方案及实施危害分析和关键控制点（HACCP）；⑤水产养殖产品在供人类食用前必须进行微生物、化学和物理分析；⑥通过在水产养殖产品投放市场前颁发卫生证书对其质量进行认证；⑦建立水产养殖产品在任何阶段进出水产养殖设施的可追溯系统；⑧对投放市场的水产养殖产品进行粘贴标签；⑨监测和处理要求。

使用附属立法的一个重要原因是，如果要出口水产养殖产品，通常有必要确保遵守主要进口市场（如美国、日本或欧盟）①适用的标准，这些标准可能会不时发生变化。显然，通过采用新的法规而不是主要立法来应对这些变化更容易、更快。正如 2009 年《马来西亚渔业（出口到欧洲联盟的鱼类质量）条例》（经修订）的情况一样，出口市场的名称包含在附属立法项目的名称中。

### 132. 残留物检测

水产养殖中使用各种投入品（如药物饲料、药物和化学品）产生的残留物如果进入到水产养殖的食品中，可能会对人类健康产生负面影响。因此，重要的是确保相关立法作出监测药物饲料、药物和化学品的残留物的要求。

## b）水生动植物的运输和出口

在水产养殖生产过程的特定阶段之后，活体水生动物和水生植物可能会被运输，甚至出口。出口规定应在很大程度上反映上文第 4.5 部分所述的进口要求。

### 133. 活体水生动物出口

关于活体水生动物的出口，相关立法应直接或通过附属立法：①规定签发水生动物健康证书；②要求每批出口的水生动物和水生动物产品都附有有效的动物健康证明；③要求在相关法域内运输的每批水生动物都附有有效的动物健康证书；④规定水生动物健康证书的签发程序。

### 134. 水生植物出口

关于水产养殖水生植物的出口，立法直接或通过附属立法：①规定签发水生植物、植物产品和其他相关物品的植物检疫证书；②要求每批水生植物、植物产品和其他相关物品都附有根据国际标准签发的植物检疫证书；③规定签发此类植物检疫证书的程序；④描述此类植物检疫证书的至少应纳入的内容和确定程序。

---

① 根据粮农组织 2022 年的数据，2020 年，欧盟是最大的鱼类进口市场（价值占比 34%），其次是美国（15%）、中国（10%）和日本（9%）。

## 4.9 检查和执行

最后，鉴于水产养殖的法律框架必须制定法律规则，有必要确保这些规则得到遵守。为此，有必要对检查和执法权力作出有效规定，以确保遵守水产养殖立法以及更宽泛的水产养殖法律框架。这些规定显然与所有类型的水产养殖有关。本部分简要探讨了与水产养殖有关的检查和执法权力问题。

就本书而言，"检查权"是指可以以常规方式行使的权力，以核实遵守情况，而不必怀疑其有任何不法行为。相反，"执行权"是指只有在发现不法行为的初步证据后才行使的权力。其中包括制裁不遵守规定程序的要素。由于这些是警察类型的执法权力，甚至可能包括逮捕权，因此确保谨慎起草这些权力当然很重要，因为法院可能会密切监督此类权力的正确行使。

### a）检查

虽然制裁威胁是合规制度的一部分，但同样重要的是发现违规行为的风险，为此需要一个有效的检查框架。由于水产养殖法律框架的复杂性，不仅要着重确保在框架的每个要素下都赋予适当的检查权，而且要确保这些权力能够以协调的方式得到实施。

### 135. 检查员的任命

在水产养殖业务层面，检查权通常规定在水产养殖立法、动植物卫生立法或环境立法。一个关键点是确保相关立法规定任命检查员，有权定期检查水产养殖设施和相关场所，以核实是否遵守了相关立法。

### 136. 检查员的职责

由于检查员行使警察式的权力，至少要确保有与之相关的立法非常重要：①要求每个检查员在行使检查或执法权力的过程中，根据要求出示其任命的证明；②规定不得对检查员在检查或执法过程中善意的行为或疏忽提起诉讼。

### 137. 检查员的权力

为了使检查员能够进行有效的检查，确保立法赋予每个检查员最低权限很重要：①无需许可证即可进入任何有执照或注册的水产养殖设施进行检查或执法；②在没有搜查令的情况下进入私人场所（非住宅）进行检查或执法；③命令船只或车辆停车以允许登船和检查（例如，与浮动网箱或围栏相关使用的船只）；④在水产养殖设施内采集水生动物、水生植物、饲料、化学品和药品样本；⑤要求提供与水产养殖生产有关的文件和记录；⑥拍照和复印文件；⑦进行面谈并要求回答问题。

虽然其中许多权限与渔业法赋予渔业检查员的权限即使不完全相同，也十分相似，但一个重要的区别是采集样本的权力。应该仔细描述这种权力，尤其是因为所涉及的样本是水产养殖设施经营者的私人财产。例如，苏格兰水产养殖立法第5A节规定如下：

从养鱼场获取样本

（1）检查员可为第（3）款所述的任何目的，在养鱼场采集鱼类样本或鱼类材料。

（2）检查员可要求从事养鱼业务的人员为第（3）款所述目的向检查员提供养鱼场的鱼类样本或鱼类材料。

（3）目的在于——

（a）协助可能需要对养鱼场鱼类逃逸进行的任何调查；

（b）分析第（1）和（2）小节中提及的样本，用于科学研究或其他研究；

（c）评估以下因素的影响——

（ⅰ）养鱼场对环境的影响，

（ⅱ）从养鱼场逃逸的鱼类对除养鱼场以外的鱼类种群的影响；

（d）开发追踪逃离养鱼场的鱼类来源的方法。

## b）强制执行

### 138. 送达强制执行通知书的权力

鉴于发现违规情况可能对环境和生物安全产生的负面影响，特别是在投入品、设施管理以及疾病预防和控制方面，检查员或水产养殖管理部门的第一反应通常是要求水产养殖设施的经营者采取纠正措施，以纠正违反水产养殖立法、动植物卫生立法或环境立法的行为。为此，需要具体的法律权力。例如，挪威的水产养殖法规定：

**第27条　执行措施的命令**

如果违反本法规定或违反依照本法做出的决定，监察机关可以下令采取措施补救违法情况，并叫停违法行为。可以规定执行这些措施的时限。

为了确保遵守法律，挪威水产养殖法在第28条中还规定，可能对责任人处以连续可执行的罚款，直到这种情况得到补救。此外，可以对每一项违法行为单独处以罚款。

南澳大利亚州水产养殖法第58条赋予部长权力，要求持证人采取其许可证条件所要求的行动，否则将支付巨额罚款。如果许可证被暂停或吊销，部长也可以以类似的方式要求移除水产养殖种群或设备。

### 139. 与罪行有关的执法权力

如果在检查之后发现违法行为，则有必要赋予检查员一些执法权限。这些权力包括：①扣押和持有犯罪证据；②逮捕检查员有合理理由相信已犯该罪行的任何人；③命令停止正在进行的水产养殖活动，因授权官员有合理理由相信已经违反相关法律；④通过出售（在这种情况下，应提供收据）或销毁的方式处置扣押的水生动植物；⑤根据有关法域的规则，提供具有证据价值的宣誓声明：在许多民事法域，这种声明（口头陈述）可以用作事实证据，被告有权利对声明内容进行反驳；⑥提供证明证据，通常涉及行政事项（例如特定水产养殖设施是否需要获得有效许可证）。

如果水产养殖立法是渔业法扩展的一部分，其中许多执法权力将赋予渔业检查员。

### 140. 罪行

根据有关法域的不同，违反水产养殖法律框架规定的罪行可能会受到刑法或行政制裁（通常是罚款），或两者兼而有之的惩罚。这两种方法都有优点和缺点。提起刑事诉讼的成本很高，而且几乎总是需要非常高的证据标准（"排除合理怀疑"）。另一方面，刑事定罪发出了一个非常明确的信息，即犯罪行为在社会上是不可接受的。

行政制裁更容易实施，即使其中包括某种形式的听证会或法庭程序，而且证据负担通常更容易满足（基于"盖然性权衡"）。另一方面，行政处罚的实施没有刑事定罪的社会耻辱感，任何应付罚款都可以被视为仅是业务成本。

需要评估的关键问题是，相关立法是否规定了那些明确且相关的犯罪行为，能够根据行政程序进行有效起诉或制裁，并且制裁措施能够反映罪行的严重性。

### 141. 公司的罪行

由于商业水产养殖设施通常由公司拥有和管理，因此在可能的范围内，为公司责任作出规定是很重要的。问题可能是，虽然可以确定犯罪行为，但无法准确确定责任人。

例如，挪威水产养殖法第 30 条规定，如果一家公司"或代表该企业行事的人违反了法律规定"，该公司可能会受到罚款。相关条款接着指出，"即使不能将犯罪责任归咎于任何个人，但罪行也是事实"。此外，第 30 条规定，如果一家公司是集团的一部分，"母公司负有责任，集团公司的母公司对此罚款应承担部分费用"。

南澳大利亚州水产养殖法在第 88 条第（1）款中进一步规定，如果一家公司被认定犯有某些特定罪行，该公司的每位董事在某些特定情况下也可能被认定犯有相同罪行，并受到同样的制裁。

### 142. 制裁

根据罪行的性质和有关法域，可用于惩罚与水产养殖法律框架有关的罪行的制裁类型通常取决于是否根据刑法或行政法予以处罚。在后一种情况下，制裁通常是有限的罚款，而刑事定罪可能会导致监禁。

无论如何，关键的考验是制裁是否与罪行相称，是否足够严厉，以威慑不当行为。

# 5 结 论

如本书所述，水产养殖业在全球范围内实现了显著增长，目前在经济和满足粮食需求方面对全球社会做出了重要贡献。鉴于捕捞渔业目前面临的增长限制，以及大多数鱼类种群已被充分开发或过度开发，因此有必要继续发展水产养殖，以养活不断增长的世界人口。但这种增长并不一定有保证。由于环境压力，特别是面临水质和气候变化的新影响，水产养殖业面临着越来越大的威胁，同时也可能导致环境退化。与此同时，水生动植物疾病的暴发可能会对该行业造成经济破坏，而且往往与水产养殖设施内外的环境条件相关。在这种情况下，稳健有力的法律环境是水产养殖可持续发展的必要先决条件。

在国际法层面，很少具体提及水产养殖。与捕捞渔业不同，没有全球或区域性水产养殖协议。然而，水产养殖是在一个相对复杂的国际法体系内进行的，该体系涉及与行业相关的事项，包括海洋空间使用权、生物多样性保护、国际贸易、动植物健康等，直接涉及水产养殖的规范性或规则制定框架完全由"软法"文书组成，尤其包括《行为守则》及其《技术指南》。特别是《技术指南》的一系列补充文件，专门涉及该行业的不同方面。一些区域性机构也采用了水产养殖的"软法"指南，但一些最详细的规范性文书并非来自政府间机构，而是来自认证和生态标签体系中的私营部门。

在国家法律层面上，水产养殖的法律框架相当复杂，包括专门针对水产养殖问题的法律或法律文书，以及制定更宽泛的水产养殖法律框架的一系列法律和法律文书。该行业在养殖的动植物物种数量、所用技术和水产养殖地点方面的多样性加剧了法律框架的复杂性。这种多样性反过来会产生多种法律后果，不同的法律和相应适用的法律中的不同条款也会产生不同的法律影响。

在国家层面，水产养殖历来在渔业法中有所涉及，通常在单独的一章中进行处理。当然，这是有逻辑原因的，因为水产养殖与捕捞渔业有许多联系。然而，在许多方面，水产养殖是截然不同的。首先，水产养殖是一种农业活动，而捕鱼本质上是一种狩猎活动。此外，渔业作业通常几乎完全在相关渔业法（和附属立法）的范围内进行，该法规定了可以捕捞多少种鱼。相比之下，水产养殖中使用的水生植物和水生动物是从事水产养殖的人的私有财产，就像陆地养殖一样。与此同时，水产养殖直接受制于一个复杂得多的法律框架，该框架不仅决定了水产养殖在哪里进行，还控制了可使用的投入品以及水产养殖设施的管理，环境和动植物健康问题在其中发挥着越来越重要的作用。

这种复杂性的一个结果是，很难系统地评估水产养殖法律框架的所有方面，尤其是因为该行业内越来越趋向专业化，并形成了功能性的"孤岛"：例如，动物健康专家可能不太熟悉植物健康的法律框架。

在这种情况下，水产养殖立法显然不能取代法律框架的其他要素，重复也没有任何意义。相反，水产养殖立法的一个关键职能是加强水产养殖法律框架内不同要素之间的联系，特别是在环境和植物健康问题方面。为此，有些国家最近通过了具体的水产养殖法，而另一些国家则大幅扩大了渔业法中有关水产养殖章节的范围和内容。此外，在这一日益复杂的法律框架内，另一个重要的政策目标是尝试如何精简和优化该行业投资所需的各种不同审批的行政程序。

# 参考文献 REFERENCES

## 著作

**Aquaculture Stewardship Council (ASC).** 2019. *ASC Bivalve Standard Version 1.1.* ASC, Utrecht.

**ASC.** 2019. *ASC Shrimp Standard Version 1.1.* ASC, Utrecht.

**ASC.** 2019. *ASC Tilapia Standard Version 1.2.* ASC, Utrecht.

**ASC.** 2019. *ASC Tropical Marine Finfish Standard.* ASC, Utrecht.

**ASC.** 2019. *ASC Tropical Marine Finfish Standard Version 1.01.1.* ASC, Utrecht.

**ASC.** 2019. *ASC Shrimp Standard Version 1.1.* ASC, Utrecht.

**ASC & MSC.** 2018. ASC - MSC Seaweed (Algae) Standard. ASC, Utrecht.

**ASEAN Secretariat.** 2015. *Guidelines on Good Aquaculture Practices (ASEAN GAP) for Food Fish.* Jakarta, ASEAN Secretariat.

**ASEAN Secretariat.** 2013. *Guidelines for the Use of Chemicals in Aquaculture and Measures to Eliminate the Use of Harmful Chemicals.* Jakarta, ASEAN Secretariat.

**Bankes, N., Dahl, I. & VanderZwaag, D.** 2016. *Aquaculture Law and Policy Global, Regional and National Perspectives.* Cheltenham, UK, Edward Elgar.

**Barange, M., Bahri, T., Beveridge, M. C. M., Cochrane, K. L., Funge - Smith, S. & Poulain, F., eds.** 2018. *Impacts of climate change on fisheries and aquaculture: synthesis of current knowledge, adaptation and mitigation options.* FAO Fisheries and Aquaculture Technical Paper No. 627. Rome, FAO.

**Blythe, J., Flaherty, M. & Murray, G.** 2015. Vulnerability of coastal livelihoods to shrimp farming: Insights from Mozambique. *Ambio*, 44 (4): 275.

**Bondad - Reantaso, M. G., Arthur, J. R. & Subasinghe, R. P., eds.** 2012. *Improving biosecurity through prudent and responsible use of veterinary medicines in aquatic food production.* FAO Fisheries and Aquaculture Technical Paper. No. 547. Rome, FAO.

**Buck, B. H. & Langan, R., eds.** 2017. *Aquaculture Perspective of Multi - Use Sites in the Open Ocean.* Springer, Cham.

**Damania, R., Desbureaux, S., Rodella, A., Russ, J. & Zaveri, E.** 2019. *Quality Unknown:*

*The Invisible Water Crisis*. Washington，D C，World Bank.

**de Freitas，D. M. & Tagliani，P. R. A.** 2007. Spatial Planning of Shrimp Farming in the Patos Lagoon Estuary (Southern Brazil)：An Integrated Coastal Management Approach. *Journal of Coastal Research*，47：136.

**De Silva，S.，Nguyen，T. T. T.，Turchini，G. M.，Amarasinghe，U. S. & Abery，N. W.** 2009. Alien Species in Aquaculture and Biodiversity：A Paradox in Food Production. *Ambio*，38 (1)：24.

**European Commission.** 2012. *Guidance document on aquaculture activities in the Natura 2000 Network*. Brussels，European Union.

**European Commission.** 2015. *Interpretation of definitions of project categories of annex I and II of the EIA Directive*. Brussels，European Union.

**European Commission. 2016.** *Commission Staff Working Document. On the application of the Water Framework Directive (WFD) and the Marine Strategy Framework Directive (MSFD) in relation to aquaculture*. SWD (2016) 178 final. Brussels，European Union.

**European Commission.** 2017. *Summary of the 27 Multiannual National Aquaculture Plans*. Brussels，European Union.

**European Commission.** 2021. *Communication From The Commission To The European Parliament，The Council，The European Economic And Social Committee And The Committee Of The Regions. Strategic guidelines for a more sustainable and competitive EU aquaculture for the period 2021 to 2030*. SWD (2021) 102 final. Brussels，European Union.

**European Commission.** 2021. *The EU Blue Economy Report*. 2021. Luxembourg，European Union.

**FAO.** 1995. Code of Conduct for Responsible Fisheries. Rome.

**FAO.** 1997. *Aquaculture Development*. FAO Technical Guidelines for Responsible Fisheries No. 5. Rome.

**FAO.** 2001. *Aquaculture Development – Good Aquaculture Feed Manufacturing Practice*. FAO Technical Guidelines for Responsible Fisheries No. 5，Supplement 1. Rome.

**FAO.** 2007 *Aquaculture Development – Health Management for Responsible Movement of Live Aquatic Animals*. FAO Technical Guidelines for Responsible Fisheries No. 5，Supplement 2. Rome.

**FAO.** 2008. *Aquaculture Development – Genetic Resource Management*. FAO Technical Guidelines for Responsible Fisheries No. 5，Supplement 3. Rome.

**FAO.** 2010. *Aquaculture Development – Ecosystem Approach to Aquaculture*. FAO Technical Guidelines for Responsible Fisheries No. 5 Supplement 4. Rome.

**FAO.** 2011. *Aquaculture Development – Use of Wild Fish as Feed in Aquaculture*. FAO Technical Guidelines for Responsible Fisheries No. 5，Supplement 5. Rome.

**FAO.** 2011. *Technical Guidelines on Aquaculture Certification*. Rome.

**FAO.** 2011. *Aquaculture Development - Use of Wild Fishery Resources for Capture - Based Aquaculture.* FAO Technical Guidelines for Responsible Fisheries No. 6，Supplement 6. Rome.

**FAO.** 2017. *Aquaculture Development - Aquaculture governance and sector development.* FAO Technical Guidelines for Responsible Fisheries No. 5，Supplement 7. Rome.

**FAO.** 2018. *Impacts of climate change on fisheries and aquaculture - Synthesis of current knowledge, adaptation and mitigation options* FAO Fisheries and Aquaculture Technical Paper 627. Rome.

**FAO.** 2018. *Aquaculture Development - Development of aquatic genetic resources: A framework of essential criteria.* FAO Technical Guidelines for Responsible Fisheries No. 5，Supplement 9. Rome.

**FAO.** 2019. *Aquaculture development. Recommendations for prudent and responsible use of veterinary medicines in aquaculture.* FAO Technical Guidelines for Responsible Fisheries. No. 5. Suppl. 8. Rome.

**FAO.** 2019b. Report of the FAO/MSU/WB First Multi - Stakeholder Consultation on a Progressive Management Pathway to Improve Aquaculture Biosecurity (PMP/AB)，Washington, D. C.，United States of America，10 - 12 April 2018. FAO Fisheries and Aquaculture Report No. 1254. Rome.

**FAO Committee on Fisheries.** 2019. Preventing and managing aquatic animal disease risks in aquaculture through a progressive management pathway. Tenth Session of the Sub - Committee on Aquaculture of the Committee on Fisheries，Trondheim，Norway，23 - 27 August 2019 [online] . [Cited 12 February 2020] . www. fao. org/3/na265en/na265en. pdf.

**FAO.** 2020a. *Methodology to analyse AMR - relevant legislation in the food and agriculture sector. Guidance document for regulators.* Draft for public review. Rome. 40 pp.

**FAO.** 2020b. *The State of World Fisheries and Aquaculture: Sustainability in Action.* Rome.

**FAO.** 2021. *A diagnostic tool for implementing an ecosystem approach to fisheries through policy and legal frameworks.* Rome.

**FAO.** 2022. *The State of World Fisheries and Aquaculture: Towards Blue Transformation.* Rome.

**FAO & WHO.** 2014. *The International Code of Conduct on Pesticide Management.* Rome，FAO and WHO.

**FAO & WHO.** 2017. *Guidelines for the Registration of Microbial, Botanical and Semiochemical Pest Control Agents for Plant Protection and Public Health Uses.* Rome，FAO and WHO.

**FAO & WHO.** 2015. *Guidelines on pesticides legislation.* Rome.

**FAO & ILO.** 2013. *Guidance on addressing child labour in fisheries and aquaculture* Rome，FAO/Geneva，Switzerland，ILO.

**Fisheries and Oceans Canada.** 2020. *A Canadian Aquaculture Act.* Government of Canada, Toronto. www. dfo－mpo. gc. ca/aquaculture/act－loi/consultations－eng. html.

**Forrest, B. M. , Gardner, J. P. A. & Taylor, M. D.** 2009. Internal Borders for Managing Invasive Marine Species. *Journal of Applied Ecology*, 46 (1)：46.

**Francová, K. , Šumberová, K. , Janauer, G. A. & Adámek Z.** 2019. Effects of fish farming on macrophytes in temperate carp ponds. *Aquaculture International*, 27：413.

**Fuentes Olmos, J. & Engler, C.** 2016. Three pillars for sustainable marine aquaculture: the evolving regulatory framework in Chile. In: Bankes, N. , Dahl, I &. VanderZwaag, D. *Aquaculture Law and Policy Global , Regional and National Perspectives.* Cheltenham, UK，Edward Elgar.

**Galappaththi, E. K. , & Berkes, F.** 2015. Drama of the commons in small－scale shrimp aquaculture in northwestern Sri Lanka. *International Journal of the Commons*, 9 (1)：347.

**Halwart, M. & Gupta, M. V. , eds.** 2004. *Culture of fish in rice fields.* FAO and Rome, The WorldFish Center.

**Henriksson, P. J. G. , Troell, M. & Rico, A.** 2015. Antimicrobial use in aquaculture: Some complementing facts. *Proceedings of the National Academy of Sciences of the United States of America*, 112 (26)：3317.

**Hernández Serrano, P.** 2005. *Responsible use of antibiotics in aquaculture.* FAO Fisheries Technical Paper. No. 469. Rome，FAO.

**Hishamunda, N. , Ridler, N. & Martone, E.** 2014. *Policy and governance in aquaculture Lessons learned and way forward* FAO Fisheries and Aquaculture Technical Paper 577. Rome，FAO.

**IPCC.** 2014. *Climate Change* 2014：*Impacts, Adaptation, and Vulnerability. Part A.* [Field, C. B. , V. R. Barros, D. J. Dokken, K. J. Mach, M. D. Mastrandrea, T. E. Bilir, M. Chatterjee, K. L. Ebi, Y. O. Estrada, R. C. Genova, B. Girma, E. S. Kissel, A. N. Levy, S. MacCracken, P. R. Mastrandrea, and L. L. White (eds. )] . *Global and Sectoral Aspects. Contribution of Working Group II to the Fifth Assessment Report of the Intergovernmental Panel on Climate Change.* Cambridge, UK and New York, NY, USA, 1132, Cambridge University Press.

**Kahn, S. , Mylrea, G. & BarYaacov, K.** 2012. The challenges of good governance in the aquatic animal health sector. *Rev. sci. tech. Off. int. Epiz.* , 31 (2)：533－542.

**Lebel, L. , Lebel, P. & Chuah, C. J.** 2019. Governance of aquaculture water use. *International Journal of Water Resources Development*, 35 (4)：659－681.

**Leung, T. L. F. & Bates, A. E.** 2013. More rapid and severe disease outbreaks for aquaculture at the tropics: implications for food security. *Journal of Applied Ecology*, 50 (1)：215.

**Lucas, T. N. , Bunting. R. , Hardy, P. , Rosenqvist A. & Simard, M.** 2017. Distribution and drivers of global mangrove forest change. 1996—2010. *PLoS ONE*, 12 (6): 179302.

**Magarey, R. D., Colunga-Garcia, M. & Fieselmann, D. A.** 2009. Plant Biosecurity in the United States: Roles, Responsibilities, and Information Needs. *BioScience*, 59 (10): 875.

**Moylan, M., Ó Cinnéide, L. & Whelan, K.** 2017. *Review of the Aquaculture Licensing Process*, Department of Agriculture, Food and the Marine, Cork.

**Nimmo, F, McLaren, K, Miller, J & Cappell, R.** 2016. *Independent Review of the Consenting Regime for Scottish Aquaculture*. Edinburgh, Scottish Government.

**Norwegian Ministry of Fisheries and Coastal Affairs.** 2005. *The Aquaculture Act*. Oslo, Government of Norway.

**OECD.** 2020. OECD *Study on the World Organization for Animal Health (OIE) Observatory: Strengthening the Implementation of International Standards*, Paris, OECD Publishing.

**Phillips, M. J., Enyuan, F., Gavine, F., Hooi, T. K., Kutty, M. N., Lopez, N. A., Mungkung, R., Ngan, T. T., White, P. G., Yamamoto, K. & Yokoyama, H.** 2009. *Review of environmental impact assessment and monitoring in aquaculture in Asia-Pacific*. In: FAO. *Environmental impact assessment and monitoring in aquaculture*. FAO Fisheries and Aquaculture Technical Paper. No. 527. Rome, FAO.

**Ramsar Convention Secretariat.** 2007. *Coastal management: Wetland issues in Integrated Coastal Zone Management*. Ramsar handbooks for the wise use of wetlands, 3rd edition, vol. 10. Gland, Switzerland, Ramsar Convention Secretariat.

**Slater, A. M.** 2016. Aquaculture and the law: United Kingdom and Scotland. In: Bankes, N., Dahl, I & VanderZwaag, D. *Aquaculture Law and Policy Global*, *Regional and National Perspectives*. Cheltenham, UK, Edward Elgar.

**Solur, J. I.** 2011. Something Fishy: Chile's Blue Revolution, Commodity Diseases, and the Problem of Sustainability. *Latin American Research Review*, 46: 55.

Scientific, Technical and Economic Committee for Fisheries (STECF). 2021. *The EU Aquaculture Sector-Economic report* 2020 (STECF-20-12). Luxembourg, European Union.

**Subasinghe, R. P. & Bondad-Reantaso, M. G.** 2008. The FAO/NACA Asia Regional Technical Guidelines on Health Management for the Responsible Movement of Live Aquatic Animals: lessons learned from their development and implementation. *Rev. Sci. Tech. Off. Int. Epiz.*, 27 (1): 55.

**Taylor, D. A.** 2009. Aquaculture Navigates through Troubled Waters. *Environmental Health Perspectives*, 117 (6): 252.

**Thornber, K., Verner-Jeffreys, D., Hinchliffe, S., Rahman, M. M., Bass, D. & Tyler, C. R.** 2020. Evaluating antimicrobial resistance in the global shrimp industry. *Reviews in Aquaculture*, 12: 966.

Troell, M., Naylor, R. L., Metianb, M., Beveridged, M., Tyedmerse, P. H., Folkea, C. & Arrow, K. J. 2014. Does aquaculture add resilience to the global food system? *PNAS*, 111 (37): 13257.

United Nations. 2015. *United Nations General Assembly Resolution 70/1. Transforming our world: the 2030 Agenda for Sustainable Development.* New York, USA, United Nations.

VanderZwaag, D. L., & Chao, G. eds. 2006. *Aquaculture Law and Policy Towards principled access and operations* London and New York, USA, Routledge.

Vapnek, J. & Spreij, M. 2005. *Perspectives and guidelines on food legislation, with a new model food law* FAO Legislative Study No. 87. Rome, FAO.

World Bank. 2014. *Reducing Disease Risk in Aquaculture* Agriculture and Environmental Services Discussion Paper 09. Washington, D. C., World Bank.

World Bank. 2013. *Fish to 2030: Prospects for Fisheries and Aquaculture.* Washington, D. C., World Bank.

# 法律文书

## 国际法

*Convention on Wetlands of International Importance especially as Waterfowl Habitat (the 'Ramsar Convention').* Ramsar, Iran, 2 February 1971, 996 United Nations Treat Series (UNTS), 245.

*Convention on International Trade in Endangered Species of Wild Fauna and Flora.* 3 March 1973, 993 UNTS 243.

*Convention on the Conservation of Migratory Species of Wild Animals.* 23 June 1979, entered into force 1 November 1983, 1651 UNTS.

*United Nations Convention on the Law of the Sea.* Montego Bay, 10 December 1982, 1833 UNTS, 3.

*Convention Concerning Safety in the Use of Chemicals at Work.* ILO Geneva, 77th ILC session (25 Jun 1990).

*Conventionon Biological Diversity.* Rio de Janeiro, 5 June 1992, 1760 UNTS, 79.

*Technical Barriers to Trade Agreement.* 5 April 1994, 1868 UNTS 120.

*The WTO Agreement on the Application of Sanitary and Phytosanitary Measures.* 15 April 1994, 1867 UNTS 493.

*General Agreement on Tariffs and Trade.* 15 April 1994, 1867 UNTS 187.

*Convention on the Non-Navigable Use of International Water Courses.* New York, 21 May 1997, 36 ILM 700.

*International Plant Protection Convention.* Rome, 17 November 1997, 2367 UNTS A-1963.

*Rotterdam Convention on the Prior Informed Consent Procedure for certain hazardous chemicals and pesticides in international trade.* 1998，2244 UNTS 337，as amended.

*Worst Forms of Child Labour Convention.* ILO，1999，No. 182.

*Cartagena Protocol on Biosafety to the Convention on Biological Diversity.* Montreal，29 January 2000，2226 UNTS，208.

*Convention Concerning Safety and Health in Agriculture.* ILO，2001.

*Work in Fishing Convention* (*ILO* 188). Geneva，96th ILC session，14 Jun 2007.

*Nagoya - Kuala Lumpur Supplementary Protocol on Liability and Redress to the Cartagena Protocol on Biosafety.* Nagoya，15 October 2010.

*Nagoya Protocol on Access to Genetic Resources and the Fair and Equitable Sharing of Benefits Arising from Their Utilization to the Convention on Biological Diversity.* Nagoya，29 October 2010.

## 欧盟法律

Council Directive 89/391/EEC of 12 June 1989 on the introduction of measures to encourage improvements in the safety and health ofworkers at work (OJ L 183，29. 6. 1989，p. 1) (OSH Framework Directive).

Council Directive 92/43/EEC of 21 May 1992 on the conservation of natural habitats and of wild fauna and flora (OJ L 206，22. 7. 1992，p. 7).

Council Regulation (EC) No. 338/97 of 9 December 1996 on the protection of species of wild fauna and flora by regulating trade therein (OJ L 61，3. 3. 1997，p. 1).

Council Directive 98/58/EC of 20 July 1998 concerning the protection of animals kept for farming purposes (OJ L 221，8. 8. 1998，p. 23).

Directive 2000/60/EC of the European Parliament and of the Council of 23 October 2000 establishing a framework for Community action in the field of water policy (OJ L 327，22. 12. 2000，p. 1).

Directive 2001/42/EC of the European Parliament and of the Council of 27 June 2001 on the assessment of the effects of certain plans and programmes on the environment (OJ L 197，21. 7. 2001，p. 30).

Regulation (EC) No. 178/2002 of the European Parliament and of the Council of 28 January 2002 laying down the general principles and requirements of food law，establishing the European Food Safety Authority and laying down procedures in matters of food safety (OJ L 31，1. 2. 2002，p. 1) (General Food Regulation).

Recommendation of the European Parliament and of the Council of 30 May 2002 concerning the implementation of Integrated Coastal Zone Management in Europe (OJ L 148，6. 6. 2002，p. 24).

Regulation (EC) No. 1831/2003 of the European Parliament and of the Council of 22 September 2003 on additives for use in animal nutrition (OJ L 268，18. 10. 2003，p. 29).

Directive 2003/88/EC of the European Parliament and of the Council of 4 November 2003 concerning certain aspects of the organisation of working time (OJ L 299, 18.11.2003, p. 9).

Regulation (EC) No. 852/2004 of the European Parliament and of the Council of 29 April 2004 on the hygiene of foodstuffs (OJ L 139, 30.4.2004, p. 1).

Council Regulation (EC) No. 1/2005 of 22 December 2004 on the protection of animals during transport and related operations and amending Directives 64/432/EEC and 93/119/EC and Regulation (EC) No. 1255/97 (OJ L 3, 5.1.200 5, p. 1).

Regulation (EC) No. 183/2005 of the European Parliament and of the Council of 12 January 2005 laying down requirements for feed hygiene (OJ L 35, 8.2.2005, p. 1).

Regulation (EC) No. 396/2005 of the European Parliament and of the Council of 23 February 2005 on maximum residue levels of pesticides in or on food and feed of plant and animal origin and amending Council Directive 91/414/EEC Text with EEA relevance (OJ L 70, 16.3.2005, p. 1)

Regulation (EC) No. 1907/2006 of the European Parliament and of the Council of 18 December 2006 concerning the Registration, Evaluation, Authorisation and Restriction of Chemicals (REACH), establishing a European Chemicals Agency, amending Directive 1999/45/EC and repealing Council Regulation (EEC) No. 793/93 and Commission Regulation (EC) No. 1488/94 as well as Council Directive 76/769/EEC and Commission Directives 91/155/EEC, 93/67/EEC, 93/105/EC and 2000/21/EC (OJ L 396, 30.12.2006, p. 1).

Council Regulation (EC) No. 708/2007 of 11 June 2007 concerning use ofalien and locally absent species in aquaculture (OJ L 168, 28.6.2007, p. 1).

Regulation (EC) No. 1272/2008 of the European Parliament and of the Council of 16 December 2008 on classification, labelling and packaging of substances and mixtures, amending and repealing Directives 67/548/EEC and 1999/45/EC, and amending Regulation (EC) No. 1907/2006 (OJ L 353, 31.12.2008, p. 1).

Directive 2008/56/EC of the European Parliament and of the Council of 17 June 2008 establishing a framework for community action in the field of marine environmental policy (Marine Strategy Framework Directive) (OJ L 164, 25.6.2008, p. 19).

Directive 2008/98/EC of the European Parliament and of the Council of 19 November 2008 on waste and repealing certain Directives (OJ L 312, 22.11.2008, p. 3).

Directive 2008/105/EC of the European Parliament and of the Council of 16 December 2008 on environmental quality standards in the field of water policy, amending and subsequently repealing Council Directives 82/176/EEC, 83/513/EEC, 84/156/EEC, 84/491/EEC, 86/280/EEC and amending Directive 2000/60/EC of the European Parliament and of the Council (OJ L 348, 24.12.2008, p. 84).

Regulation（EC）No. 1069/2009 of the European Parliamentand of the Council of 21 October 2009 laying down health rules as regards animal by‐products and derived products No. t intended for human consumption and repealing Regulation（EC）No. 1774/2002（OJ L 300，14.11.2009，p. 1）.

Council Regulation（EC）No. 1224/2009 of 20 November 2009 establishing a Union control system for ensuring compliance with the rules of the common fisheries policy, amending Regulations（EC）No. 847/96，（EC）No. 2371/2002，（EC）No. 811/2004，（EC）No. 768/2005，（EC）No. 2115/2005，（EC）No. 2166/2005，（EC）No. 388/2006，（EC）No. 509/2007，（EC）No. 676/2007，（EC）No. 1098/2007，（EC）No. 1300/2008，（EC）No. 1342/2008 and repealing Regulations（EEC）No. 2847/93，（EC）No. 1627/94 and（EC）No. 1966/2006（OJ L 343，22.12.2009，p. 1）.

Directive 2009/147/EC of the European Parliament and of the Council of 30 November 2009 on the conservation of wild birds（OJ L 20，26.1.2010，p. 7）.

Regulation（EC）No. 767/2009 of the European Parliament and of the Council of 13 July 2009 on the placing on the market and use of feed, amending European Parliament and Council Regulation（EC）No. 1831/2003 and repealing Council Directive 79/373/EEC，Commission Directive 80/511/EEC，Council Directives 82/471/EEC，83/228/EEC，93/74/EEC，93/113/EC and 96/25/EC and Commission Decision 2004/217/EC（OJ L 229，1.9.2009，p. 1）.

Council Regulation（EC）No. 1099/2009 of 24 September 2009 on the protection of animals at the time of killing（OJ L 303，18.11.2009，p. 1）.

Regulation（EC）No. 1107/2009 of the European Parliament and of the Council of 21 October 2009 concerning the placing of plant protection products on the market and repealing Council Directives 79/117/EEC and 91/414/EEC（OJ L 309，24.11.2009，p. 1）.

Commission Regulation（EU）No. 37/2010 of 22 December 2009 on pharmacologically active substances and their classification regarding maximum residue limits in foodstuffs of animal origin（OJ L 15，20.1.2010，p. 1）.

Commission Implementing Regulation（EU）No. 540/2011 of 25 May 2011 implementing Regulation（EC）No. 1107/2009 of the European Parliament and of the Council as regards the list of approved active substances（OJ L 153，11.6.2011，p. 1）.

Commission Regulation（EU）No. 546/2011 of 10 June 2011 implementing Regulation（EC）No. 1107/2009 of the European Parliament and of the Council as regards uniform principles for evaluation and authorisation of plant protection products Text with EEA relevance（OJ L 155，11.6.2011，p. 127）.

Directive 2011/92/EU of the European Parliament and of the Council of 13 December 2011 on the assessment of the effects of certain public and private projects on the environment（OJ L 26，28.1.2012，p. 1）.

Regulation (EU) No. 1380/2013 of the European Parliamentand of the Council of 11 December 2013 on the Common Fisheries Policy, amending Council Regulations (EC) No. 1954/2003 and (EC) No. 1224/2009 and repealing Council Regulations (EC) No. 2371/2002 and (EC) No. 639/2004 and Council Decision 2004/585/EC (OJ L 354, 28.12.2013, p. 22).

Directive 2014/89/EU of the European Parliament and of the Council of 23 July 2014 establishing a framework for maritime spatial planning (OJ L 257, 28.8.2014, p. 135).

Regulation (EU) No. 1143/2014 of the European Parliament and of the Council of 22 October 2014 on the prevention and management of the introduction and spread of invasive alien species (OJ L 317, 4.11.2014, p. 35).

Regulation (EU) 2016/2031 of the European Parliament of the Council of 26 October 2016 on protective measures against pests of plants, amending Regulations (EU) No. 228/2013, (EU) No. 652/2014 and (EU) No. 1143/2014 of the European Parliament and of the Council and repealing Council Directives 69/464/EEC, 74/647/EEC, 93/85/EEC, 98/57/EC, 2000/29/EC, 2006/91/EC and 2007/33/EC (OJ L 317, 23.11.2016, p. 4) (Plant Health Law).

Regulation (EU) 2017/625 of the European Parliament and of the Council of 15 March 2017 on official controls and other official activities performed to ensure the application of food and feed law, rules on animal health and welfare, plant health and plant protection products, amending Regulations (EC) No. 999/2001, (EC) No. 396/2005, (EC) No. 1069/2009, (EC) No. 1107/2009, (EU) No. 1151/2012, (EU) No. 652/2014, (EU) 2016/429 and (EU) 2016/2031 of the European Parliament and of the Council, Council Regulations (EC) No. 1/2005 and (EC) No. 1099/2009 and Council Directives 98/58/EC, 1999/74/ EC, 2007/43/EC, 2008/119/EC and 2008/120/EC, and repealing Regulations (EC) No. 854/2004 and (EC) No. 882/2004 of the European Parliament and of the Council, Council Directives 89/608/ EEC, 89/662/EEC, 90/425/EEC, 91/496/EEC, 96/23/EC, 96/93/EC and 97/78/EC and Council Decision 92/438/EEC (Official Controls Regulation) (OJ L 95, 7.4.2017, p. 1).

Regulation (EU) 2018/848 of the European Parliament and of theCouncil of 30 May 2018 on organic production and labelling of organic products and repealing Council Regulation (EC) No. 834/2007 (OJ L 150, 14.6.2018, p. 1)

Directive (EU) 2019/904 of the European Parliament and of the Council of 5 June 2019 on the reduction of the impact of certain plastic products on the environment (OJ L 155, 12.6.2019, p. 1-19).

Regulation (EU) 2019/4 of the European Parliament and of the Council of 11 December 2018 on the manufacture, placing on the market and use of medicated feed, amending Regulation (EC) No. 183/2005 of the European Parliament and of the Council and repealing Council

Directive 90/167/EEC (OJ L 4, 7. 1. 2019, p. 1).

Regulation (EU) 2019/6 of the European Parliament and of the Council of 11 December 2018 on veterinary medicinal products and repealing Directive 2001/82/EC (OJ L 4, 7. 1. 2019, p. 43).

Regulation (EU) 2021/1119 of the European Parliament and of the Council of 30 June 2021 establishing the framework for achieving climate neutrality and amending Regulations (EC) No. 401/2009 and (EU) 2018/1999 ('European Climate Law') (OJ L 243, 9. 7. 2021, p. 1).

## 国家法律

**Australia** (Queensland). *Fisheries Act*, 1994.

**Australia** (South Australia). *Aquaculture Act*, 2001.

**Australia** (South Australia). *Aquaculture Regulations*, 2016.

**Australia** (Tasmania). *Marine Farm Planning Act*, 1995.

**Australia** (Tasmania). *Marine Resources Management Act*, 1995.

**Australia** (Western Australia). *Aquatic Resources Management Act*, 2016.

**Barbados.** *Fisheries Act*, 1993.

**Benin.** *Framework Law No. 2014 – 19 of 7 August 2014 relating to fisheries and aquaculture in the Republic of Benin.*

**Burundi.** *Law No. 1/17 of 30 November 2016 on the organization of fisheries and aquaculture in Burundi.*

**Canada.** *Fisheries Act*, 2012.

**Canada.** *Food and Drugs Act*, 1985.

**Canada.** *Health of Animals Act*, 1990.

**Canada.** *Pest Control Products Act*, 2002.

**Canada.** *Aquaculture Activities Regulations*, 2015.

**Canada** (New Brunswick). *Aquaculture Act*, 2011.

**Canada** (Newfoundland and Labrador). *Aquaculture Act*, 1990.

**Canada** (Newfoundland and Labrador). *Plant Protection Act*, 1996.

**Canada** (Newfoundland and Labrador). *Aquaculture Regulations.*

**Canada** (Quebec). *Law on Commercial Aquaculture*, 2016.

**Canada** (Quebec). *Commercial Aquaculture Regulation*, 2014.

**China.** *Fisheries Law of the People's Republic of China*, 1985, as amended.

**China.** *Law of the People's Republic of China on the Administration of the Use of Sea Areas*, 2002.

**China.** *Property Law of the People's Republic of China*, 2007.

**China.** *Law of the People's Republic of China on Animal Epidemic Prevention*, 1997.

**China.** *Marine Environment Protection Law of the People's Republic of China*, 1999.

**Chile.** *Law No. 18. 892 of 1989, General Fisheries and Aquaculture Law.*

**Chile.** *Law No. 19. 300 of 1994, Law on General Environmental Bases and Regulation of the Environmental Impact Assessment System.*

**Croatia.** *Law on Aquaculture, No. 130/2017.*

**Ecuador.** *Organic Law for the Development of Aquaculture and Fisheries*, 2020.

**Ethiopia.** *Fisheries Development and Utilization Proclamation, No. 31 of 2002.*

**Indonesia.** *Law No. 31/2004 on Fisheries.*

**Indonesia.** *Law No. 26/2007 Concerning Spatial Management.*

**Indonesia.** *Law No. 27/2007 On the Management of Coastal Areas and Small Islands.*

**Indonesia.** *Law No. 18/2012 Concerning Food.*

**Indonesia.** *Government Regulation Number 28 of 2017 Concerning Aquaculture Practices.*

**Ireland.** *Fisheries (Amendment) Act*, 1997.

**Ireland.** *Inland Fisheries Act*, 2010.

**Ireland.** *European Communities (Control of Dangerous Substances in Aquaculture) Regulations*, 2008.

**Ireland.** *Foreshore Acts*, 1933—2014.

**Greece.** *Law on Aquaculture Development*, 2014.

**Japan.** *Sustainable Aquaculture Production Assurance Act (Act No. 51 of May 21, 1999).*

**The Republic of Korea.** *Aquatic Life Disease Control Act*, 2011.

**The Republic of Korea.** *Aquaculture Industry Development Act*, 2020.

**Malaysia.** *National Land Code*, 1965.

**Malaysia.** *Fisheries Act*, 1985.

**Malaysia.** *Town and Country Planning Act*, 1986.

**Malaysia.** *International Trade in Endangered Species Act*, 2008.

**Malaysia.** *Quarantine and Inspection Services Act*, 2011.

**Malaysia.** *Pesticides Act*, 1974.

**Mexico.** *General Law on Sustainable Fishing and Aquaculture*, 2007.

**Namibia.** *Aquaculture Act 18 of 2002.*

**Namibia.** *Aquaculture (Licensing) Regulations, Government Notice 246 of 2003.*

**New Zealand.** *Aquaculture Reform (Repeals and Transitional Provisions) Act*, 2004.

**New Zealand.** *Resources Management Act*, 1991.

**New Zealand.** *Biosecurity Act*, 1993.

**Norway.** Act of 27 June 2008 No. 71 relating to Planning and the Processing of Building Applications (the Planning and Building Act) (the Planning part).

**Norway.** *Aquaculture Act*, 2005.

**Peru.** *Legislative Decree No. 1195 Approving the General Aquaculture Law*, 2015.

**Philippines.** *The Philippine Fisheries Code of 1998.*

**Portugal.** *Decree - Law No. 40 / 2017.*

**Rwanda.** *Law No. 58 / 2008 of 10 / 09 / 2008 Determining the Organization and Management of Aquaculture and Fishing in Rwanda.*

**Spain.** *Law 23 / 1984, of June 25, on marine aquaculture.*

**Sri Lanka.** *Fisheries and Aquatic Resource Act, 2015.*

**Sri Lanka.** *Aquaculture Development Authority Act, 1998.*

**Thailand.** *Royal Ordinance on Fisheries B. E. 2558, 2015.*

**Thailand.** *The Act on the Promotion of Marine and Coastal Resources Management, B. E. 2558, 2015.*

**Thailand.** *The Agricultural Commodity Standards Act, B. E. 2551, 2008.*

**Thailand.** *The Agricultural Land Consolidation Act, B. E. 2558, 2015.*

**Thailand.** *The Agricultural Land Reform Act, B. E. 2518, 1975.*

**Thailand.** *The Animal Epidemics Act, B. E. 2558, 2015.*

**Thailand.** *The Animal Feed Control Act, B. E. 2558, 2015.*

**Thailand.** *The Civil and Commercial Code, B. E. 2468, 1925.*

**Thailand.** *The Contract Farming Promotion and Development Act, B. E. 2560, 2017.*

**Thailand.** *The Cooperatives Act, B. E. 2542, 1999.*

**Thailand.** *The Cooperatives Act (No. 2), B. E. 2553, 2010.*

**Thailand.** *The Cruelty Prevention and Welfare of Animal Act, B. E. 2557, 2014.*

**Thailand.** *The Drugs Act, B. E. 2510, 1967.*

**Thailand.** *The Enhancement and Conservation of the National Environmental Quality Act, B. E 2535, 1992.*

**Thailand.** *The Food Act, B. E. 2522, 1979.*

**Thailand.** *The Groundwater Act, B. E. 2520, 1977.*

**Thailand.** *The Hazardous Substance Act, B. E. 2535, 1992.*

**Thailand.** *The Land Code Act, B. E. 2497, 1954.*

**Thailand.** *The Land Lease for Agriculture Act, B. E. 2524, 1981.*

**Thailand.** *The Plant Quarantine Act, B. E. 2507, 1964.*

**Thailand.** *The Public - Private Partnership Act, B. E. 2562, 2019.*

**Thailand.** *The Royal Ordinance on Fisheries (No. 2), B. E. 2560, 2017.*

**Thailand.** *The State Administration Act, B. E. 2534, 1991.*

**Thailand.** *The State Irrigation Act, B. E. 2485, 1942.*

**Thailand.** *The Town Planning Act, B. E. 2562, 2019.*

**Thailand.** *The Water Resources Act, B. E. 2561, 2018.*

**Togo.** *Lse No. 2016 - 026 Du 11 / 10 / 2016 on the regulation of fisheries and aquaculture in Togo.*

**Tonga.** *Aquaculture Management Act*，2003.

**Ukraine.** *Law of Ukraine on Aquaculture*，2012.

**United Kingdom of Great Britain and Northern Ireland** (Scotland). *Aquaculture and Fisheries (Scotland) Act*，2007.

**United Kingdom of Great Britain and Northern Ireland** (Scotland). *The Water Environment (Controlled Activities) (Scotland) Regulations*，2011.

**United States of America.** *Submerged Lands Act of 1953*.

**United States of America.** *National Offshore Aquaculture Act of 2007*.

**United States of America.** *Magnuson – Stevens Fishery Conservation and Management Act*，· 2012.

**Viet Nam.** *Civil Code of Viet Nam*，*No. 91/2015/QH13*，dated 24th November，2015.

**Viet Nam.** *Law on Fisheries*，2017.

**Viet Nam.** *Law on Master Planning*，2017.

图书在版编目（CIP）数据

可持续水产养殖的法律框架 / 联合国粮食及农业组织编著；刘雅丹等译. -- 北京：中国农业出版社，2025. 6. --（FAO中文出版计划项目丛书）. -- ISBN 978-7-109-33159-4

Ⅰ. D996.9

中国国家版本馆 CIP 数据核字第 2025LD1953 号

著作权合同登记号：图字 01 - 2024 - 6568 号

**可持续水产养殖的法律框架**
**KECHIXU SHUICHAN YANGZHI DE FALÜ KUANGJIA**

中国农业出版社出版
地址：北京市朝阳区麦子店街 18 号楼
邮编：100125
责任编辑：郑　君
版式设计：王　晨　　责任校对：吴丽婷
印刷：北京通州皇家印刷厂
版次：2025 年 6 月第 1 版
印次：2025 年 6 月北京第 1 次印刷
发行：新华书店北京发行所
开本：700mm×1000mm　1/16
印张：9.75
字数：186 千字
定价：79.00 元